聖嚴法師

福慧自在

《金剛經》講記與《金剛經》生活

編者序

《金剛經》是佛教徒必讀的經典，也受古今文人墨客喜愛，影響中國文化深遠。禪宗六祖惠能只聽聞《金剛經》其中一句，便在言下大悟。如今，在繁忙的現代生活中，《金剛經》醍醐灌頂的智慧能讓人身心自在，無入而不自得。

本書將聖嚴法師宣講《金剛經》的兩部經典著作《《金剛經》講記》、《福慧自在——《金剛經》生活》合編為一書。《《金剛經》講記》是法師於一九九二年的講座，原屬「隨身經典」系列。《福慧自在——《金剛經》生活》則是在一九九三年的演講，原屬「現代經典」系列。為方便讀者完整研讀，法鼓文化將兩書合編，雖然同是宣講《金剛經》，聖嚴法師卻以慈悲善巧，開展不同的切入方式，一併讀來更有融會貫通、豁然開朗之感。

為因應現代讀者的需要，聖嚴法師經常以主題單元的方式講解經典，提綱挈領、由淺入深，讓讀者掌握全經重點。本書前半部為「《金剛經》講記」，從經名開始介紹，帶領讀者認識《金剛經》。再以全經要義、思辨形式、無相離相等段落，引人層層深入《金剛經》真義。

後半部的「《金剛經》生活」，法師則以「心靈環保」、「自我提昇」、「淨化社會」、「福慧自在」等四大主題，依層次循序漸進，進一步分享如何運用《金剛經》的智慧，讓生活時時好修行。

本書以「福慧自在」為書名，即是希望人人都能應用《金剛經》，體驗《金剛經》的生活妙用。如果我們能學習金剛般若空觀智慧，放下人我之間的分別，便會生起慈悲心感化自我，進而感動他人，帶給家庭、社會正向的力量，將人間建設為淨土。藉由福慧雙修，平安自在，日日好日！

目錄

《金剛經》生活

附錄

《金剛經》講記

緒論

《金剛經》是一部很有名也很有用的經典，在中國佛教界流通極廣，占有相當重要的地位。這次的講經方式和以往稍有不同，不是依照原經文，而是照著我所嘗試編列的綱要來向各位介紹，如此，大家便可以在最短的時間內，以最簡要的方式，完整清楚地了解《金剛經》的內容。

綱要共分為四個段落：1.緒論；2.《金剛經》的內容；3.信受演說《金剛經》的功德；4.結論。

一、釋題

《金剛經》全名為《金剛般若波羅蜜經》。

經

在中國最珍貴、最有道理的書籍，就叫作「經」，在印度稱為「修多羅」，梵文 sūtra，是花串的意思。把一朵朵美麗的香花串起來，像夏威夷花環一樣，就叫作修多羅。由於佛的語言、佛所講的話是金玉良言，就像一朵朵美麗的香花，對眾生非常有益，因此後人就把由佛所說的法，所集結成的一篇篇文章、一本本書，稱之為經或修多羅。

波羅蜜

全名為波羅蜜多，是梵文 pāramitā 的音譯，中國人喜歡簡略，往往把「多」字省略了。它的意思是到彼岸，也就是從苦難的這邊，到達離苦得樂的那邊，亦即超越生死的苦難，渡過生死的大海，得到解脫，所以波羅蜜實際上有超度的意思。一般人常常以為念經是為了亡者，是為了超度亡靈，其實這是本末倒置；因為佛說法主要是為了超度我們活著的人，結果卻因為現代人的心態錯誤，使得自己念經，而得不到超度。

佛法有無量法門，任何一個法門都叫作波羅蜜，其中最重要的為「六波羅蜜」，也叫作「六度」，分別是布施、持戒、忍辱、精進、禪定、智慧。智慧又叫作般若，是六度之中最重要的，如果沒有般若的指導，之前的五種波羅蜜只是世間善法，不是究竟的佛法。

般若

梵文原文為 prajñā，「般若」就是智慧，它有三種內容：

（一）實相般若：實相即無相，是超越語言文字，超越一切現象，但是又不離一切現象。一切現象經常在變化，而實相雖然沒有一定的定相，但它是如如不動的。

（二）觀照般若：觀照則是用佛法的觀點，來觀察我們的生活環境及身心世界。只要深刻觀察我們的身心世界，就可以發現它是變化不已的，所以是無常的；因為一切現象變化無常，所以沒有一個真實的我，也就是無我；再進一步觀察，既然無我，所以是空的，而能體證到這個空的就是「觀照般若」。

（三）文字般若：所有用來說明苦、空、無常、無我等道理的一切經典及種種文字，例如《金剛經》、《心經》，都叫作文字般若。我們在這個世界生生死死，永遠沉淪在苦難之中，唯有藉著語言文字，才能知道苦是什麼、難又從哪兒來？才會明白是因為有個自我的執著，受到自我假相的困擾，才會產生種種煩惱。因此藉由文字般若，能讓我們產生智慧，幫助我們離開煩惱。

金剛

這兩個字很容易讓人聯想到金剛鑽、鑽石之類的東西，但是它的原意是堅固，倒沒有金剛鑽、鑽石的意思，因為鑽石是一種物質，可加以切割，形狀也會改變，是可以被破壞的；但是這裡所指的金剛，則是能破一切，卻不受任何東西影響的，這就是空，也就是《金剛經》中所說的「無相」，或是《大般若經》所講的空，既然是空、是無，也就不會被任何東西所破壞。

一切事物瞬息萬變，從有到無，從無到有，只要我們具有般若智慧，心中不執著，不受任何現象所左右、所動搖，那麼，我們的心就如同金剛一般堅固。

這部經因為闡釋般若智慧的關係，而般若智慧強大的力量就像金剛一樣，所以這部經便稱為《金剛般若波羅蜜經》。

二、譯本

從晉朝的羅什三藏到唐朝的義淨三藏，短短三百年之間，這部經在中國出現了六種譯本，而且全是名家之作。

（一）姚秦三藏鳩摩羅什譯（與玄奘譯《大般若經》卷五七七「能斷金剛分」同本）

（二）元魏天竺三藏菩提流支譯

（三）陳天竺三藏真諦譯

（四）隋大業年中三藏笈多譯

（五）唐三藏法師玄奘譯

（六）唐三藏沙門義淨譯

這些譯者的名稱，是我根據經典原文所抄錄的，實際上他們都可稱為三藏法師。現在我們常用的是羅什三藏的譯本，與玄奘三藏所譯的為同本異譯，都是根據《大般若經》的「能斷金剛分」而來，至於其他四種多少都有些出入。

三、本經成立

從歷史上看，《金剛經》屬於《大般若經》裡的第九會。《般若經》有很多，依照時間可分為三個階段：第一個階段是原始下品，也就是小品《般若經》，《道行般若經》屬之；第二個階段是中品《般若經》，《放光般若經》屬於這個部分；第三個階段是上品，又叫作大品《般若經》，《大般若經》初會、第八會以及第九會都是屬於大品《般若經》。實際上，《大般若經》集合了每一個時代的《般若經》——原始、中品，以及最後出現的大品《般若經》都包括在內，例如《文殊般若經》相當於《大般若經》的第七會，《金剛經》相當於《大般若經》的第九會。

四、本經組織

關於本經組織，在中國有四種分法，至於原來經文組織是不是這樣？仍待進一步的研究查證。至於中國的四種分法為：

（一）梁昭明太子分為三十二分：梁昭明太子就是梁武帝的太子，現在我們誦經的時候，可以看到經文中有「法會因由分第一」、「善現啟請分第二」……，一共有三十二分，這並不是釋迦牟尼佛說的，而是昭明太子所分的。

（二）羅什三藏法師的弟子僧肇法師之說：《金剛經》前半部，相當於昭明太子所分的第一分至第十六分，是說眾生空；後半部相當於第十七分到第三十二分，說的是身空、法空，也就是人無我、法無我，闡釋證人無我進入涅槃，脫離生死成阿羅漢；證法無我即登大乘菩薩初地以上，雖入涅槃，但不出生死，在生死中自由自在度化眾生，這就是法無我。

（三）天台宗的創始人智者大師及三論宗的嘉祥大師之說：前後兩部為重說重言，也就是前半部已經說過的話，後半部又重新演說了一次。

（四）印順長老之說：他接受智者大師將前後兩部，判為般若道與方便道之說。印老在其所著的《般若經講記》中，採用《大智度論》裡的五種菩提心來分判全經，這五種是：發心菩提、伏心菩提、明心菩提、出到菩提、無上菩提。這種分法可能比較接近原貌，因為《金剛經》屬於般若系統，而《大智度論》是就《般若經》第一品的序論來判定，所以這種分法比較合理。不過我此次講經沒有採用這種分法，並非我比印順導師高明，而是我想試著用另一種方式來加以解釋；至於這五種菩提心是什麼意思，請諸位自行參考印順導師的這本書，在此就不多作解釋。

五、本經譯者

我們現在講的這部經是由羅什三藏所翻譯的，日本人曾寫過一本羅什三藏的傳記，已翻譯成中文，有興趣的人可以看看這本書，也可以參考《高僧傳》卷二，以及《漢魏兩晉南北朝佛教史》第十章。

六、本經釋者

中國和印度對《金剛經》的解釋相當多，計有：

（一）印度有無著菩薩造《金剛般若論》二卷、《金剛般若波羅蜜經論》三卷，天親菩薩造《金剛般若波羅蜜經論》三卷。這兩位菩薩都很重視《金剛經》。無著菩薩是印度非常偉大的一位論師，著有《攝大乘論》，這是唯識宗早期的一部重要論典。天親菩薩則是無著菩薩的親生弟弟，也是唯識宗的大師，寫有《唯識三十頌》及《唯識二十頌》，後有人釋為《唯識三十論》、《唯識二十論》，玄奘大師將其帶回中國，加以綜合整理，翻譯成《成唯識論》。

（二）中國漢文註《金剛經》者，自晉之僧肇、隋之吉藏，迄於清之俞樾，所著註釋收於《卍續藏經》中者，共四十三種。

《金剛經》的內容

《金剛經》既難講又容易講，在《大藏經》以及市面上的書籍中，都可以找到許多《金剛經》的註解。過去有人把到明朝為止，比較有名的註解結集成一本書，書名是《金剛經五十三家註》，實際數量其實不只五十三家，尤其到現在又更多了。

《金剛經》是禪宗最重視的一部經，禪宗六祖惠能大師，就是聽到其中兩句話而開悟的，即使其他宗派的法師們，也都非常重視《金剛經》，因為這部經的內容深入淺出，非常豐富。

以下分成四個段落來介紹：1.對象；2.全經要義；3.思辨型式；4.無相離相。

一、對象

當機說法與請法者

經文中與釋迦牟尼佛對話、請法的代表就是佛陀十大弟子之中，解空第一的須菩提尊者，須菩提尊者是所有大阿羅漢之中，對於空義了解得最透徹的一位。

有一個傳說：須菩提尊者出生的時候，家裡所有的東西都空了，米缸、水缸、錢財、金銀珠寶，所有的一切都不見了，這是預言他成為佛弟子之後，會對空的道理了解得最透徹。

大部分的人由於不能接受空的觀念，所以不能學習空掉煩惱、執著，不能空掉自我；因為不能空，所以就不能得度。

教化的對象

有大比丘、比丘尼、善男子、善女人等，一共有多少人呢？《金剛經》一開始說有大比丘千二百五十人，到了最後一段，經文又說：「長老須菩提及諸比丘、比丘尼、優婆塞、優婆夷、一切世間天人、阿修羅，聞佛所說，皆大歡喜，信受奉行。」這些都是當時聽《金剛經》的聽眾，就像現在來聽我講經的大眾一樣，除了我們眼睛看得到的人之外，也有天人、阿修羅，只是我們看不到罷了。

教化的目的

釋迦牟尼佛為什麼要講這部經，他的目的為何？是為了使聽者都能夠發無上菩提心，也就是《金剛經》裡所說的「發阿耨多羅三藐三菩提心」，不但是發無上菩提心，也希望所有的人最後都能得到無上的菩提正果，就是成佛。

二、全經要義

《金剛經》全經的要義是什麼呢？就是：心有所住，即離無上菩提之心；心能降伏，即是無上菩提之心。

《金剛經》的目的就是要我們發無上菩提心，成無上菩提果，如何發？如何成？必得先將心降伏；如何降伏？必須心無所住。

「心無所住」，住的意思是執著，心裡有罣礙、很在乎，如果心頭不牽不掛，就叫「不住」。

例如，有人稱讚你很聰明、很能幹，或者說：「你真有善根，會到農禪寺來聽經聞法，真是不容易！」你聽了以後，若是心裡覺得很高興，這就是「心有所住」。

反過來看，如果有人說：「你這個人真沒出息，這麼聰明，怎麼也這麼迷信，跑到農禪寺聽什麼《金剛經》？」你會有什麼反應？你是不是會回答：「有善根、有福德的人，才能聽到《金剛經》，因為你愚蠢才會這樣罵我。」這也是「心有所住」。

不過，想要達到「心無所住」的境界，的確很不容易。以下舉經文中的三段，來進一步說明。

1.「云何應住？云何降伏其心？」
「菩薩於法，應無所住，行於布施。」

前一句是須菩提尊者所問的，意思是：我們的心都有煩惱、執著，請問世尊，究竟有什麼辦法能夠降伏這個有住的心，使它不會隨時受環境影響而起煩惱呢？

後面那句是釋迦牟尼佛回答他：菩薩在行布施、做好事的時候，不能起執著，如此便能降伏煩惱心，就可以達到「心無所住」的目的。

煩惱和執著，都是我們和外在的人或眾生、環境接觸以後才產生的，想要不起煩惱，就不能把人和人之間的關係，當成真實不變的；但若僅止於此，認為反正人與人之間的互動都是假的、不實在的、無常的，就不和外界環境有任何接觸，這會變得很消極，這樣也不對，這不是真正的菩薩行者。

真正的菩薩行者，會與他人保持接觸，但是不會把這些關係牢牢地牽掛在心上，這才是真工夫。

一般而言，人與人之間的關係都是有取有捨的，但是菩薩以布施來度眾生，他們是只捨不取的。布施什麼？不僅僅是錢財，還包括佛法及無畏布施，而且布施之後，心裡不會一再念著我布施了多少東西、做了多少功德，或是已經度了多少人，這就是「無住」，也就是「三輪體空」。

真正的布施要做到「三輪體空」，那就是：沒有布施的人、沒有受布施的人、也沒有布施的東西。

「輪」指的是不斷地運作：有布施的行為、受布施的行為，以及布施的東西；這樣的運作一定要不停地進行，但是三輪雖然不停地運作，卻不要以為有一個真正、實在的我在做。

我曾經遇到一位大居士，他告訴我，他已經做到「三輪體空」了，我問他：「你是怎樣做到三輪體空的呢？」他的回答是：「我某年某月對某些人做了某一件事，現在我已經把它忘掉了。」這真的是「三輪體空」嗎？——當然不是。

2.「諸菩薩摩訶薩，應如是生清淨心，不應住色生心，不應住聲香味觸法生心。應無所住而生其心。」

這一段是《金剛經》精要中的精要。在農禪寺庭院的照壁上有一句話「應無所住而生其心」，六祖惠能大師就是聽到這句話開悟的。

整段話的意思是：有大功德的菩薩們，應該要有智慧心、清淨心，做了布施功德之後，心裡不要想到有色、聲、香、味、觸、法的六塵；如能不執著，便能生智慧心，也就是無住的心。

什麼叫作「六塵」，那就是色、聲、香、味、觸、法。「色」，是經由眼睛所見到的現象，包括顏色和形相；耳朵聽到是「聲」音；鼻子嗅到的是「香」，這包括香味和臭味，如同英文的 smell 一樣，因為無法用一個單獨的中文字表達，所以翻譯為「香」；舌頭嘗到的是「味」；身體四肢所接觸到的物質或氣溫是「觸」；「法」則是我們的思想、語言、文字、符號和記憶，這些都稱作「法」。

當我們的六根接觸外境時便會產生種種反應，面對這些反應，心中不受影響，不留下任何痕跡，這就是「無住」。

洞山良价禪師曾經形容他的心境，如空中的鳥跡，飛鳥經過空中以後，並不會留下足印，或是任何的影跡，就像這位禪師的心，接觸到任何事物之後，什麼東西也不留下，還是保持著像虛空那樣地坦蕩、明白。要做到這種程度是很難的，而這就是《金剛經》所說的無住，這不是說失去記憶，而是心無所執著。

有句成語：「餘音繞樑，三日不絕於耳。」這聲音究竟是在樑上繞，還是在心裡繞？如果是在樑上繞，那麼應該可以將它錄下來，當然不是！它是在心裡繞，所以雖然感覺上還聽得到歌聲，事實上這是心裡的一種執著、一種貪戀，如此一來，心住於聲，才會有「餘音繞樑三日」的感覺；如果不住於聲，那麼雖然聽是聽了，但是聽過以後，心裡也不會留下痕跡，這就是不住聲。

因此，如果心如虛空，任何事情經過以後，心裡不留痕跡，心中不罣礙，沒有煩惱，就是「無住」。

至於「生心」，怎麼生法呢？曾經有人告訴我，說他修行工夫很好，心已經非常清淨，我問他是如何清淨法？他說：「我打坐的時候，聽不到聲音，也看不到東西，什麼也不知道，所以我的心非常清淨，很自由，很自在。」

我又問他：「木頭、石頭、樹木、花草，它們看不到、聽不到，是不是也很清淨呢？」

他想一想之後回答我說：「不對啊！我是人，不是礦物、植物。」

這一類的人，自以為入定了，所以心很清淨。其實這種定，在禪宗裡稱為「冷水泡石頭」，即使泡得時間再久，石頭還是石頭。

禪宗強調智慧，《金剛經》講的便是般若智慧，所以「無住」並不等於是無知無覺，而是不執著、無罣礙、自由自在。無住的心不但能夠照常運作，而且它的功能和反應遠比一般心中有執著、有煩惱的人，還要更清楚、更活潑。

那麼，我們要如何才能達到這個目標呢？有兩種方式：第一是頓悟，像六祖惠能大師一樣，聽到《金剛經》「應無所住而生其心」這句話，馬上言下大悟；第二是從鍊心開始，修習「觀」的方法，凡是修「觀」的方法，都屬於觀照般若的一種。

3.「發阿耨多羅三藐三菩提心，云何應住？云何降伏其心？」

「佛告須菩提……當生如是心，我應滅度一切眾生，滅度一切眾生已，而無有一眾生實滅度者。」

這一段是前面兩段的重複說明，再一次告訴我們：想成佛、發菩提心的人，應該先知道什麼叫作「住」。「住」就是我們的煩惱心、執著心，了解這個煩惱心之後，經典便告訴我們如何降伏它。因此下面接著告訴我們：「當生如是心……。」

心還是要有，但是要生什麼樣的心呢？生智慧心，以智慧心行財布施、法布施、無畏布施，幫助一切眾生離苦得樂，從生死的此岸，到達不生不死的彼岸，這就叫作「滅度」。

「滅」就是滅苦，「度」是超度的意思，使得一切眾生的苦滅了，得到超度，超度一切眾生之後，心中不會念念不忘是否超度了任何一個眾生，這就是「無住」，也叫作「不住」。

早期我到美國弘法時，發現美國人有一種風氣，就是做義工（volunteer），那時候臺灣還沒有形成這種風氣；有一次一位美國人來東初禪寺幫忙，累了一整天很辛苦，做完之後，我對他表示感謝，他卻回答：「您不要謝我，反過來，應該說謝謝的是我，因為您給我機會做這些事，這是我很樂意做的（my pleasure）。」pleasure 有「喜歡」、「享受」的意思，因此做完以後他沒有跑來告訴我：「我曾經為你做了多少義工，你要對我優待一些。」如果這樣就是有條件的，不能稱為義工。

這種做義工的心態真可以說是某種程度的「無住」，就是為了做義工而做義工，並未想要沽名釣譽，或是想博得別人的讚歎，純粹就只是為了歡喜、為了高興而做。做了一天的義工，雖然一身臭汗，仍能高高興興地回家，舒舒服服地睡個覺，不會為了做了多少義工而沾沾自喜，這種精神真是可佩。

三、思辨型式

四種思辨型式

凡是讀過《金剛經》的人，一定都對其特殊的思辨型式印象深刻，而這部分卻也是讓很多人最感困惑的。《金剛經》的思辨型式有以下四種：

（一）正↓反↓合：這是一種辨證邏輯，先說正面的，再說反面，最後是正、反合起來說。《金剛經》中有一些這種型式。

（二）肯定↓否定↓肯定：這類型與「是↓不是↓才是」相同。

（三）假有↓非有↓真有：這是使用佛學名詞的思辨型式。

（四）有↓空↓中道：這也是使用佛學名詞的思辨型式（非空非有）。

針對第三種「假有↓非有↓真有」，「假有」的意思是：一切現象，只要想像得出來，可以用語言、文字、思想加以形容、表達的，都是假的，並不是實有。

例如，吃飯的「吃」，是真的吃嗎？是正在吃呢？或只不過是個字而已？其實「吃」只是個字，是一個代表的說明符號，並不是真正「吃」的本身。

又例如，喝茶的「茶」，這個字是否就等於真正的茶呢？不是，它只是個名詞而已，很多人聽到「茶」就知道是茶，可是對從沒喝過茶的人來說，任憑你怎麼描述，他還是無法體會，即使你拿一杯茶給他喝，若是沒有事先講明，他可能喝了以後也不知道那就是茶。而實物上的茶，是否就等於名詞的「茶」呢？當然也不是！因此不論名詞或動詞，其作用都只在表達或形容，都只是假藉來說明而已。

除此之外，所有人、事、物，任何可以表現出來的現象，不管是生理現象、物理現象、心理現象，都是暫有的，不是永恆的存在。中國歷史上的秦始皇或漢高祖，他們曾經擁有的豐功偉業，曾經不可一世的英雄豪氣，如今在哪裡？所以，任何現象都不是永久真實的有，只是暫時的有。

「假有」之後是「非有」，從「假有」深一層來看，它不是真實的有，所以叫作「非有」，「非有」就不是真的有。

「非有」很難懂，因為我們所見到的一切都是有的，怎麼能說是「非有」呢？

事實上，我們的存在既然是假的，假就不是真，假就不是有。以吃飯來作例子，我們吃過飯，消化以後就沒有了，所以這是暫時經過，好像是有，但不是真的實有，所以叫作「非有」。

《金剛經》裡的「無相」、《大般若經》與《心經》所講的「空」，就是「非有」；「非有」才是「真有」，因為「非有」是「空」，「空」是不會變的，才是真的；因為只要是「有」，便不停地在變動，不是真的。

至於第四類的「有→空→中道（非空非有）」，這就是世俗諦與真諦（第一義諦）。

何謂「世俗諦」？從佛法的角度來看，世間一切現象，以及世間所有人的觀念，都是「有」的，不管是現象有、觀念有，或是本體有，全都是「有」。所謂「本體」，我們可以稱它為理念，也有人稱它是神，這些神我、大我，都是「有」，所以叫作「世俗諦」。

佛法有大小乘之分，小乘佛法認為世間一切法、一切現象都不真實，都是「空」，他們經由分析和實證來強調「空」。分析是從理論上加以解釋、說明；實證則是經驗的，是精神的體驗，必須經由智慧和禪定才能體會得到。已證阿羅漢果的人，知道世俗的一切現象是「假有」，所以他們強調「空」，也因為如此，他們進入涅槃、寂滅後，在「空」之中，就不願意再回到世上來度眾生。

有一點要特別注意，一個能在理論上或邏輯上理解「空」的人，並不一定已經體驗到「空」，所以現在有許多人把佛法當成學問來研究，對佛學知道的不少，也能夠為人講說《金剛經》，但是一旦自己面對是非，或是牽涉到他個人的利害得失，例如，金錢、名譽，特別是男女之間的愛情、親子間的親情等，都會不自在。原因是道理上他們是懂了，但是因為沒有實證，沒有親自的體驗，當外面的環境一變化，馬上就會受影響。因此，能懂得一些道理雖然也不錯，但是真正的佛法是要能夠實證的。

接下來說明大乘的「真諦」（第一義諦），也就是「中道」。佛法所說的「中道」並不是「中庸之道」，也不是「不在左、不在右」，更不是「我在中間，哪一邊好，我就往哪一邊靠」的騎牆道。

佛法的「中道」是不在空、有之間，非空非有，也可以說就是空。這並不是否定世間所有的一切現象，事實上，它是住於世間而不受世間的現象所困擾、束縛；就像觀世音菩薩，住於世間而於世間得自在，所以又稱為觀自在菩薩。

龍樹菩薩所造的《中觀論頌》，所談的是般若思想的「空」，般若的「空」也就是「中道」，論頌中對「中道」有很清楚的解釋：「捨二不執中」，捨兩邊而不取中間，這才是真正的「中道」，這才是最自由、最自在的。

一般來說，任何一種邏輯思想，都有它自己本身的立場，但是《中觀論頌》所說的「中道」的思想，沒有所謂的立論、宗旨，沒有任何立足點，所以無論以什麼方法辯論，都無法將它擊破，因為它就像是虛空一樣，沒有目標可以攻擊，當然也談不上攻破。

不僅僅理論上如此，事實經驗上也是這樣，若是能夠經驗到沒有立場的立場，這就是解脫，是最高的智慧，也是最好、最自在的。

十九個實例

以上說明《金剛經》的基本思辨型式，接下來自經文中選了十九個例子，只要了解其中一、兩個例子，其他的都可以舉一反三。

1.「如來所說身相，即非身相……若見諸相非相，則見如來。」

「如來所說身相」，這是有；「即非身相」，這是非有；「若見諸相非相，則見如來」，就是說如果能夠了解到一切的有就是空，一切的假有就是沒有，那麼就能見到如來的實相了。

曾經在一場演講中有人問我：「佛的面貌是怎麼樣？」我回答他：「佛的面貌就是沒有面貌，沒有面貌就是佛的面貌。」這不是我自己編出來的，而是《金剛經》裡所說的。

經典中說佛有三十二種大人相，這三十二相是為了表達釋迦牟尼佛的莊嚴相，所以是假相、非相，並不是真正的佛。佛的真實法身遍於法界，沒有一處不是佛的法身所在，因為沒有定相，是無相的，也就是非相，非相才是佛的真正法相。

曾經有人問雲門文偃禪師「如何是佛」，禪師回答他「乾屎橛」（乾大便），這聽起來很可笑，怎麼可以說佛是乾大便呢？並不是這樣！因為佛的法身處處都是，大概當時他正好看到一截乾大便在那裡。事實上，不一定是乾大便，任何東西都可以是佛。這麼說來，頭髮算不算是佛？如果是的話，那麼就抓著頭髮禮拜好不好？這樣是不對的。理念上、觀念上雖然如此，但是我們還沒有親見佛的法身，還是要以莊嚴相為佛的身相。

2.「三千大千世界所有微塵……諸微塵，如來說非微塵，是名微塵；如來說世界，非世界，是名世界。」

這一段裡面其實有兩個例子：1.微塵，即非微塵，就是微塵；2.微塵所結合成的世界，說是世界，便是非世界，那就叫作世界。至於有多少微塵呢？有三千大千世界那麼多微塵。

一個日月系統，也就是一個太陽系，叫作一個小世界，一千個小世界就是中千世界，一千個中千世界，叫作大千世界；因為包括了三個「千」，所以一個大千世界也叫作三千大千世界，而一個大千世界便是一尊佛所教化的範圍。

我們這個大千世界稱為娑婆世界，地球只是其中的一部分而已，釋迦牟尼佛就是在娑婆世界教化眾生。但是不要以為娑婆世界就是地球，否則就太委屈釋迦牟尼佛了，事實上整個大千世界都是他教化的區域，我們所見的佛只是他的化身之一，所以有「千百億化身釋迦牟尼佛」之說。

一個大千世界的微塵是數不清的，無量無數，比恆河沙數還要多得多，但是如來說不要稱它為微塵，你把它當作是微塵的話就錯了，因為微塵也只是假相，所以那不是微塵；但是這個假相也不能說是沒有。不論是一粒微塵、所有微塵，或是像世間那麼多的微塵，都是如此。

如果能以這樣的例子，用這樣的型式，來看這個世界的任何現象，我們就能解脫自在。例如，你的太太跟你吵架，等於沒有吵架，所以叫作吵架。只要用這種方式、這種邏輯來處理所有的事，不但能減輕很多心理負擔，即使想有煩惱也不容易，所以《金剛經》所說的道理很有用。

3.「如來說三十二相，即是非相，是名三十二相。」

三十二相是如來相，可是並不是真的如來相；如來顯現出三十二相，但並不受限於三十二相。印度的傳說中，轉輪聖王有三十二相，釋迦牟尼佛出生時就有仙人幫他看相，說他如果不出家，也會成為轉輪聖王，雖然後來他出了家、成了佛，還是具足轉輪聖王的三十二相。

相信很多人都請人看過相，看相的範圍很廣，有手相、面相、身相，還有聽聲音的聲相、摸骨的骨相等等，究竟被看到的是什麼相？是好相還是壞相？其實相隨心轉，即使是同一個人，當心裡高興的時候，必定相貌開朗；當很痛苦的時候，一定面有晦色，現出倒楣相、晦氣相。

4.「是實相者，則是非相，是故如來說名實相。」

前面已經說過「無相」、「非相」，「諸相非相」就是「實相」。《心經》有云：「諸法空相」，這個「空相」，就是「實相」，也就是「真如」，就是「第一義諦」，這裡又把它稱為「非相」。

5.「如來說第一波羅蜜，即非第一波羅蜜，是名第一波羅蜜。」

「波羅蜜」是超度、到彼岸的意思，此處的「第一波羅蜜」，就是「實相」，就是「非相」；能夠親自體驗到「實相非相」的這個人，就已經得到超度了，能夠從煩惱的生死苦海而得解脫，而得自由自在、神通廣大。

事實上「第一波羅蜜」就是智慧，就是六度之中最後、也是最重要的「般若」。但是不可以認為「這是第一波羅蜜，我只要這個波羅蜜」，這是執著，是錯的；如果能說「即非第一波羅蜜」，這才是真正的「第一波羅蜜」。

這一句的思辨型式是：知道有這樣東西，但是不執著實有這樣東西，那才是真正擁有這樣東西。

所謂的「自由自在」、「神通廣大」，有兩種解釋法：第一，是真正地有神通，能說一得一，說十得十；不用買機票就可以到處旅行，不用花錢就可以得到任何需要的東西，同時也能分身在許多地方出現，這是自由自在、神通的一種。

但是第二種更重要，這種神通是心的自在。《六祖壇經》中說得很清楚：「摩訶般若波羅蜜，最尊最上最第一，無住、無往、亦無來，三世諸佛從中出。」如此便能來也好，去也好，來去都好；生也好，死也好，生死都好；這是來去自由、生死自如，如果能這樣，那可要比神通廣大更自在。

這種自由，因為沒有自己主觀的成分在其中，要活就由他活，要死就由他死，這個「他」是誰呢？誰也沒有！沒有自己，也沒有眾生，一切隨緣，因緣要怎麼樣，就怎麼做。當因緣不許可時，如果仍然非做不可，那就會不自在，一定會產生煩惱。佛菩薩們便是隨緣度眾生，自由又自在。

「隨緣」有兩種：一種是等待因緣，另一種是促成因緣。等待因緣非常消極，促成因緣才是菩薩行。如果怎麼努力都無法促成因緣，那是由於因緣尚未成熟，心中應該仍舊保持自在，不必起煩惱。

6.「如來說人身長大，則為非大身，是名大身。」

普通人身高八尺，如來身高一丈六尺，比我們高一倍，所以叫作丈六金身。在我們看來這已是大身，但是這個大身是假身，不是真的、絕對的大身，這才是如來大身。

7.「如來說莊嚴佛土者，即非莊嚴，是名莊嚴。」

所謂莊嚴，是諸佛均以種種功德來莊嚴其淨土。例如，阿彌陀佛的極樂世界有兩種莊嚴：依報莊嚴與正報莊嚴。所謂正報莊嚴是指極樂世界裡諸善上人俱會一處，有大阿羅漢，以及不退轉的大菩薩。正因為佛國淨土中都是這些聖人，所以這些聖人也就莊嚴了佛國淨土。

至於依報環境中有七重欄楯、七重羅網、七重行樹、七寶池以及八功德水，微風一吹動，諸寶行樹都會發出微妙的音聲；除此之外，眾鳥也出和雅音，都在念佛、念法、念僧。這都是佛土的莊嚴，但是切勿以為這些是真實的而執著它，一執著就又成為煩惱。

《阿彌陀經》中說得很清楚，這些莊嚴都是阿彌陀佛願力所化現的，並不是真有那些東西。例如，淨土裡沒有惡道，怎麼會有畜牲呢？那是阿彌陀佛的願力所化，不是真的。八功德水，也不是真的有水可以沐浴，這是以八種功德為水，生長出許多蓮花。凡此種種都不是我們世俗人所以為的、真實的，而是佛的悲願，以及修行淨土者的功德所感。

8.「如來說諸心，皆為非心，是名為心。」

「諸心」，是指許多眾生的種種心相。每一個眾生都有許多心理活動現象，這些都是虛妄的，是煩惱心，既然是妄心，就不是真心；既然不是真心，當然就沒有心；沒有心，才是真心。《六祖壇經》裡講的「無念」，就是智慧，因為沒有執著，所以能產生種種功能來救濟眾生，這種智慧心，就是真心，就是非心。

例如，有一個男孩子，死心塌地迷戀著一個心中的美女，他心裡念念不忘的都是這個美女，有其他的女人經過他面前，或是要介紹另一個對象給他，他都無心理會，因為他心中只有這麼一個人，其他人在他心裡都已不存在。像這種心是真心嗎？當然不是！這是有心、是煩惱心、迷心，他的心已經被一個女人的影子所迷住了，其他的通通不理，這不是智慧心。

再以照相為例，一張底片只能照一次，照第二次的話，影像便會重疊而變得模糊；畫畫也是這樣，一張紙只能畫一次，第二次除非重新塗掉再畫，否則便無法著手。

所以說，有心都不是真心，要「心無所住」，心中無物、無心，那才是真心，能夠如此，就可以像千手千眼觀世音菩薩一樣，心中沒有特定對象的眾生，但是任何眾生都在他的心裡。

9.「如來說具足色身，即非具足色身，是名具足色身。」

化身的佛有肉身，我們一般人也有肉身，這個肉身就是色身。但是色身在出生之前沒有，死了以後也沒有，只在生與死之間這一階段有，所以說這個色身是假有，而非真有。身體雖然是假的，但還是存在，我們仍然要好好運用它。

或許有人認為既然這個身體是假的，是臭皮囊，乾脆死了算了，錯！雖然身體不是真的，但是我們要借假修真，借用這個色身來修行，修布施、修智慧……修六度萬行。

沒有了身體，就無法修行，所以大家要保重身體，但是也不要執著身體，一執著，煩惱就來了。但是又要保重，又要不執著，究竟應該怎麼辦？——恰到好處就是了。

10.「如來說諸相具足，即非具足，是名諸相具足。」

這一句和前面的「如來說三十二相……」相同，不再多作解釋。

11.「說法者，無法可說，是名說法。」

如來說法說了四十九年，可是並未真正說了法，因為真實的法是沒有辦法說的，是不能說的，說出來的法都是語言法，只是一種符號、一種名相，而不是真實的法；真實的法是什麼？是「無相」、是「空」的、是無法可說的，這就是如來說法。

這如同你告訴別人：「到農禪寺聽聖嚴法師講《金剛經》。」並不等於對方已經聽到了《金剛經》；但是要介紹給別人知道，鼓勵人來聽《金剛經》，就一定要說這句話。所以，介紹的文字，並不就等於事情的本身，只不過，不經過介紹，那件事就沒辦法顯現。

由此可知，如來所說的法，通通只是方便法，是一種工具而已，但不說法也不行，只要根據佛陀所介紹、說明的去做，就可以親自體驗到真實的法。

12.「眾生眾生者，如來說非眾生，是名眾生。」

「眾生眾生」意指很多人、許多眾生、一切眾生的意思，這句是說：不要以為有那麼多的眾生，並且不要執著真正有眾生，那才是眾生。

這和「滅度一切眾生，滅度一切眾生已，而無有一眾生實滅度者」意思相同，要「心無所住」。

13.「所言善法者，如來說即非善法，是名善法。」

做為一位菩薩應有三個條件，也就是三種誓願：持一切淨戒、修一切善法、度一切眾生，意思與三聚淨戒一樣。

前面已說過度一切眾生，這段談到修一切善法，這已經包括了菩薩三大類淨戒其中的兩條。修善法之後，不要以為已修了任何善法，那才是真正地修善法，因為「心無所住」。

14.「如來說有我者，則非有我，而凡夫之人以為有我；須菩提！凡夫者，如來說則非凡夫，是名凡夫。」

凡夫有我的執著，有我就有煩惱。但是不是就真有凡夫這樣東西呢？沒有！如果真的有所謂的凡夫，那麼應該是不變的，現在是凡夫，將來也永遠是凡夫，這才是真的凡夫。但真正的情況是，雖然現在是凡夫，經過努力修行，也可以修成菩薩、修成佛，所以不是固定不變的，只是現在還有煩惱的我，故假名凡夫，不是真的。

只要能體驗或實證到「空」的道理，就能空去「我執」。所以可知，「我」是假的，既然如此，凡夫也就是暫時，而非永久的。

15.「如來者，無所從來，亦無所去，故名如來。」

「無所從來，亦無所去」，意思是無來無去。這一句應該是：「如來，即非如來，故名如來。」

「如來」是佛的十種尊號之一，也就是「好像來了」。為什麼叫作「如來」？因為對我們學佛的凡夫來說，他是來了；當我們得無生法忍親證法身的時候，佛也好像是來了。但事實上，如來從來沒有離開過，只是未親證法身時，我們見不到如來；親證法身的時候，就體現到了如來。

又例如，未聽聞過佛法時，我們不相信有如來，信了佛法以後，便相信有如來，如來便來到我們的心中。其實，並不是因為我們相信，才有如來，不管我們信或不信，證或不證，如來一直都在，本來就在那裡。

16.「若世界實有者，則是一合相。如來說一合相，則非一合相，是名一合相。」

這段的意思是說，如來說世界是實有，這叫作「一合相」。不論我們所居住的世界，或是一個三千大千世界，甚至是無量無數的大千世界，都是一個整體，這個全體的世界稱為「一合相」。

也就是說一切的物質世界，是一個名相，是一個現象，也是一個整體相，但是這個整體相「則非一合相」，是個假相；不過，這個世界的假相還在，所以把它叫作「一合相」。

「一合相」可大可小，任何一個範圍都可以是，一粒沙子是一粒沙子的「一合相」，整體的一個人也是「一合相」，甚至一對夫婦、一個家庭、一個社會、一個國家、一個民族，都是「一合相」。但是不管這個相的大小，都是由許多因素、因緣所湊合起來的，是會變動的，所以「則非一合相」，只是因為這個假有的現象存在，才把它稱為「一合相」。

17.「世尊說我見、人見、眾生見、壽者見，即非我見、人見、眾生見、壽者見，是名我見、人見、眾生見、壽者見。」

這句話很難懂，其實講的就是一個名詞：「我見」。「我見」就是我的看法、我的想法、我的觀念、我的判斷等。為什麼叫作「我的看法」，而不是「別人的看法」？如果世界上只有你一個人，你還會不會說「我的看法」？不會！一定是有相對另外的人，因為相對，所以有相吸、相拒等現象。

「眾生」就是許多的人（有情），繼續活下去的眾生就叫作「壽者」；如果生命短暫，一晃而過，沒有「壽者」，就沒有問題。但是眾生和我都仍在時間上繼續活動，加上由於對自我的執著，而和眾生有交涉，所以產生你爭我鬥的矛盾，或你貪我愛的糾纏，因此有許多煩惱。

其實，我的執著也好，眾生的執著也好，都只是由於個人虛妄的自我中心在作怪，都是假的，如果能夠了解這一點，便能降伏心裡的煩惱。雖然眾生還是有，人與人之間也有種種不同的差別，但是一位修行佛法、已實證般若的人，就能夠知道「無我」，沒有我就沒有眾生，既然沒有眾生也就沒有壽者。

18.「所言法相者，如來說即非法相，是名法相。」

「法」，指的是現象；所有一切法，亦即所有的現象，都有它一定的界別定義，這就是「法相」。現象是有的，只因為每一種現象都是暫時的有，並非永恆的有，所以叫作非法相。

19.「不應取法，不應取非法。」＝法↓非法↓非非法（無相即實相）

凡夫取法，執著一切現象是真實有，不僅自己煩惱，也會為他人帶來煩惱；

可是取非法，執著於空也不對，因為執著於空就是消極、逃避，這種人不會積極地從事於修行、度眾生。所以「不應取法」，也「不應取非法」，這才是真正的般若精神。

佛法有正見、邪見之分，邪見主要有兩種：

（一）常見：取法為永恆，認為一切法都是永恆的。若是取物質法不滅，就是唯物論；若是取精神法為永遠，是唯神論。不管是物質永恆，還是精神永恆，都是常見，都是外道。

（二）斷見：取非法為頑空，認為除了物質並無靈魂，人死了就像燈息了一樣，不會有任何後續的結果，這是唯物論中的斷見；因為他們只認為物質不滅，而不承認靈魂的存在，這也是斷見。

四、無相離相

解釋「無相離相」之前，首先必須先了解「相」是什麼，形相、現象、法相，都可以稱為「相」。

形相包括色、聲、香、味、觸的五塵（境），凡是可以用手去觸摸、用眼睛觀看、用耳朵聽聞的都是。

現象有三種：物理現象、生理現象及心理現象，例如，第六塵（境）——法塵，就是心理現象。

法相則是佛法的專有名詞，不論形相或是現象都包括在法相內。以唯識的百法來說：色法十一、心法八、心所有法五十一、不相應行法二十四、無為法六；無為法的相對是有為法，一百個法相之中，有九十四個有為法，只有六個是無為法，不在形相或是現象的符號之內。

「無相」，是無法用法相來說明，凡是能用法相說明的，就不是真正的第一義諦，要離開一切相，才是第一義諦，才是無為法。所謂第一義諦就是真諦，這是相對於世俗諦而說的，所有能用世間的語言、文字表達的，都是有漏法、有為法，都是世俗諦。

「有相」則是有所執著，心裡認為有形相、現象及一切法相，這是心住於相；如能心不住於相，不住於法相，應無所住，就是「離相」。

《金剛經》開示無相離相法門，為菩薩道及佛道的準則，也就是說，修行菩薩道而成就佛道，必須能夠離相而不住於相。經文中有關「無相離相」的句子，計有二十一條，分別為：

1.「若菩薩有我相、人相、眾生相、壽者相，即非菩薩。」

「我相」就是對於自我的執著，自我中心的表現。個人的自我是由貪、瞋、癡、慢、疑及不正見所構成，除了這些心理現象的執著之外，其實「我」是不存在的。人人都覺得「我」很重要，實際上，我就是貪、瞋、癡、慢、疑及不正見等煩惱的別名。

除此之外，「我」必是有對象的，一定是有另外的人，才會讓你感覺到有我，形成我——「我相」、你——「人相」，再加上他、我們、你們、他們，於是形成多數，就是「眾生相」；而多數人在過去、現在、未來，這個時間的過程中活動，就叫作「壽者相」。如果有這四種相，就會煩惱重重，當然不是真的菩薩。

2.「……不住聲香味觸法布施……菩薩不住相布施，其福德不可思量。」

「六塵」，前面已經說過，就是色、聲、香、味、觸、法。我們拿什麼做布施呢？就是拿六塵來做布施，如同講經說法者，是用六塵之中的聲塵與法塵來布施，如果沒有聲塵，法便說不出來，如果沒有法塵的符號，說的便會語無倫次，不是法。

不論菩薩用什麼來度眾生，都是布施行，行布施而不在相，意即行布施而沒有我相、人相、眾生相、壽者相，也沒有六塵相；若能如此，便沒有福德，而沒有福德才是最大的福德。因為假如執著有福德，一定有多少與大小之分，有一個質和量的範圍，唯有不執著福德，它才無限無量，不受多少大小的限制，這才是最大的福德。

3.「不可以身相得見如來……凡所有相，皆是虛妄。若見諸相非相，則見如來。」

如來雖有三十二相，但這也是暫時的虛妄相，不是真實永恆不變的如來相，因為下面便說：凡是有形相可讓我們執著的，都是虛妄，不是真的。

因此如果能見到「諸相非相」，不執著一切法相，也就是見到了「空」、「無相」，就是見到如來，這便是真正的大智慧、大般若，實證如來法身、親見一切法性，對如來而言叫作法身，對法相而言叫作法性；然而不論法身也好、法性也好，都是無相的——法身即無身，法性即空性。

「凡所有相，皆是虛妄」這兩句話如果能夠熟背不忘的話，遇到任何困難都能解決，因為你會知道見到任何相都是虛妄相。正因為「凡所有相，皆是虛妄」，若是有人自稱他已經得到三明六通，能夠神通自在，便會知道那不是佛法，因為不論對方玩什麼花樣，在佛法之前都無所遁形。

4.「有持戒修福者，於此章句，能生信心，以此為實……是諸眾生，無復我相、人相、眾生相、壽者相，無法相，亦無非法相。」

修持菩薩道絕對不能離開三聚淨戒——攝律儀戒、攝善法戒、饒益有情戒。

持淨戒對行菩薩道來說非常重要，《金剛經》在這裡也指出，持淨戒而且能夠修福德的人，會對《金剛經》生出信心，同時也會認為《金剛經》是真的。像這樣的眾生，沒有我相、人相、眾生相、壽者相，因為對他們來說「法相」不存在，也不會堅持「非法相」才是對的，這就是「中道」，即「不應取法，不應取非法」。

「無法相，亦無非法相」，是避免有人因為一聽到「無法相」——沒有事相，就變得消極，所以指出，不但沒有「法相」，就是連「非法相」也是沒有的。大乘菩薩要行六度萬行，度盡無量眾生，而無一眾生得滅度者，這也就是「離相」、「不住於相」。

5.「無有定法名阿耨多羅三藐三菩提，亦無有定法如來可說。何以故？如來所說法，皆不可取，不可說，非法，非非法。」

許多人希望成佛，認為真有「佛」或是「佛果」這樣東西，就好像我們買芒果、蘋果、無花果等水果一樣，好像真有一個「東西」在那裡；其實修因有果是為凡夫說，畢竟無果才是真實義的，徹底地沒有果可執著，才叫作佛果。

如來並沒有一定的法可說，這些法都只是方便法，不是真實法，因為真實法無法可說。連如來說的法之中，也告訴我們「不可取，不可說」，那麼，是不是就沒有什麼好說的？難道如來說的法就不是法嗎？也不是，因為如果如來不說法，我們便不知道法是什麼；由於如來說出法相，讓我們能夠照著去修行，最後才能證得法性，所以也不能說它不是法。

6.「所謂佛法者，即非佛法。」＝證大小乘聖果，即非證果。

「應無所住而生其心。」因「諸菩薩摩訶薩，應如是生清淨心。」

《金剛經》裡舉出很多例子，指出不論是證到聲聞乘的初果、二果、三果、四果，或是大乘初地以上果位乃至佛果的人，都不會認為他已證果。

「應無所住而生其心」，生什麼心？生清淨心，清淨心就是般若智慧。煩惱心是貪、瞋、癡、慢、疑以及不正見，離開這些煩惱，又能產生度化眾生的心理現象或心理活動，都叫作般若，都是清淨心。

現在有許多人自認為已經證果，已經解脫，但是他們的煩惱，也就是貪心、瞋心、嫉妒心、懷疑心等，仍然非常重，這不是清淨心，這是愚癡心。

7.「離一切諸相，則名諸佛。」

這個例子與第三條相同，請參考「若見諸相非相，則見如來」的解釋。

8.「菩薩應離一切相，發阿耨多羅三藐三菩提心。不應住色生心，不應住聲香味觸法生心，應生無所住心。」

這一條的內容前面也已經講過兩次，不再重複。

9.「菩薩心，不應住色布施。」「若菩薩心住於法而行布施，如人入闇，則無所見；若菩薩心不住法而行布施，如人有目，日光明照，見種種色。」

這一段是說，修行菩薩道的人，不會住於色，也不會住於聲、香、味、觸、法而行布施。假如這位菩薩的心，有所住而行布施的話，那就好像處在暗室裡，什麼也看不見；如果無所住，不執著於六塵法而行布施，就好像有眼睛的人，在光天化日下，看得明明朗朗、清清楚楚。

這是因為「心住於法而行布施」，便會有煩惱，而把心蒙蔽了，有自私，所以心不明。所謂「當局者迷，旁觀者清」，這個當局者就是「有我」，有自我的利害得失在作祟，所以看事不明。

只有不住於法，才是純客觀、絕對的客觀，如此看到世間的任何事物，才能了了分明，非常清楚，非常明白。

10.「實無有法，發阿耨多羅三藐三菩提心者。」「實無有法，如來得阿耨多羅三藐三菩提。」

「發阿耨多羅三藐三菩提心」就是發無上正等正覺心、無上正遍知覺心，也就是發成佛道的心。這是說，並沒有一定的人，可以叫作發阿耨多羅三藐三菩提心的人。

更進一步說，如果有那個人的話，就是有我相；而一般發心的人，都希望得到阿耨多羅三藐三菩提的果，其實是沒有這麼一個東西可得的。也就是說，沒有人發無上正等正覺心，也沒有一樣東西叫作無上正等正覺，這才是真正的無上正等正覺。

11.「如來者，即諸法如義。」

如來，即與諸法如如之義相同。如如，有自然、不動、動靜自如之意。

12.「如來所得阿耨多羅三藐三菩提，於是中無實無虛。是故如來說一切法，皆是佛法。」

如來所得的無上正等正覺，不能說是實有，也不能說是虛妄；在因位上說，的確是有佛可成，從果位上說，如果還要執為實有，那就不是佛的果位，故稱「無實無虛」，既不執為實有也不執為虛妄，佛本如如，與一切諸法相同，一切法皆是佛法，一切眾生皆同佛位。

13.「實無有法名為菩薩，是故佛說一切法，無我、無人、無眾生、無壽者。」「若菩薩通達無我法者，如來說名真是菩薩。」

前面已說過，沒有發心的那個人，也沒有發心所要得到的那個果，而這段主要在說明什麼是「菩薩」，就是已經發心的人。

菩薩從修行菩薩道到成佛之前，是個中間過程階段，不可以認為在這個階段，有一個所謂的「菩薩」；也就是不要以為你就是菩薩，你在行菩薩道，也不要以為將來你能成佛，如果有將來成佛的想法，就不是「菩薩」。

14.眾生相不可得，眾生的心相亦不可得。故：「過去心不可得，現在心不可得，未來心不可得。」是故佛說恆河沙數眾生所有種心，如來悉知。

所謂眾生所有種心，如來悉知，有兩種解釋：

（一）從信心、信仰來說，如來因為得了三明六通，所以能夠知道一切眾生的心相。

（二）從如來的一切種智（智慧可分為三智：一切智、道種智、一切種智）來說，如來自然知道一切眾生的各種心相，可是眾生的心相是虛妄的，不是真心，等於是無心，這便是《金剛經》所說的。

句中說到三種心不可得，過去的已經過去了，未來的還沒有來，除了過去和未來，也沒有中間，所以過去、現在、未來，三心皆不可得。

例如，拿一把剪刀，掐住一根線的中間當作是現在，剪刀刀口的上面是過去，下面是未來。未剪時，這三個段落清清楚楚，但是當你將線剪斷，現在不見了，只剩過去，只剩未來，但是過去已經過去，未來還沒有來，現在又不存在，所以是三心不可得。這樣的道理雖然容易懂，但是要做到很困難，一定得下一番修行的工夫。

15.「如來不應以具足諸相見，何以故？如來說諸相具足，即非具足，是名諸相具足。」

「諸相」就是三十二相，如來是具足三十二相的，但是轉輪聖王也具三十二相，所以具足三十二相並不等於就是如來。這裡主要在說明如來是「離相」的。

16.「我於阿耨多羅三藐三菩提，乃至無有少法可得，是名阿耨多羅三藐三菩提。」

「我」，是釋迦牟尼佛的自稱，因為佛陀無法形容佛陀自己，所以用了「我」這一個假名的代號，並不是佛自己還有「我相」存在。

釋迦牟尼佛已經證得阿耨多羅三藐三菩提，但是他說：其實我沒有得到一點點（不論有為或無為）的法，所以叫作阿耨多羅三藐三菩提。如果如來認為他有得到任何一點法的話，那麼便是住相了。

17.「是法平等，無有高下，是名阿耨多羅三藐三菩提。以無我、無人、無眾生、無壽者，修一切善法，則得阿耨多羅三藐三菩提。」

不管任何法都是平等的，沒有高下之別，凡聖平等，眾生與佛也是平等的。晉譯六十卷《華嚴經》的〈夜摩天宮菩薩說偈品〉說：「心佛及眾生，是三無差別。」因為「離相無相」，還有何差別相可言？心也好、佛也好、眾生也好，都是假名，都是代號，所以「實相無相」，一切法都是平等的；更重要的是，雖然「離相無相」，還是要修一切善法，若是不修一切善法，不持一切淨戒，不度一切眾生，就不算是菩薩，所以不但要持三聚淨戒，還要「不住相」，如此才能得到佛果。

18.「若以三十二相觀如來者，轉輪聖王則是如來。」

此句已解說過，不再重複。

19.「爾時世尊而說偈言：『若以色見我，以音聲求我，是人行邪道，不能見如來。』」

佛殿上供奉的佛像是色相，是以佛像來表達敬意，並做為修行時的器物，叫作法器、聖像、法物，佛教徒是藉著這些來修行，但並不把它們當成是佛的法身。

佛的法身是無相的，有相的三十二相不是佛的真正法身；如來說法的聲音，也只是一種方便的工具，不是如來，因此不要執著佛的形相，而是要腳踏實地修行，以親證無相離相的諸佛法身。

20.「發阿耨多羅三藐三菩提心者，於法不說斷滅相。」

很多人一聽到「離相無相」，就認為真的沒有佛了，這是一種斷滅的邪見，因為如果沒有佛，又怎麼度眾生？

佛是有的，但是不要執著，這就叫作「無住生心」。佛菩薩雖然是假名，是虛妄相，是沒有的，但是他們處處都在度眾生，不是斷滅相。

21.「發阿耨多羅三藐三菩提心者，於一切法，應如是知、如是見、如是信解，不生法相。」

這段話就是以上所說的總論，凡是發了無上菩提心的人，對一切法應該就這樣子知道它、這樣子理解它、這樣子相信它，同時，還要能不執著一切諸法的法相。

信受演說《金剛經》的功德

聽完《金剛經》之後，如果能夠相信它、接受它，還能說給他人聽，這樣的功德有多大呢？

一、淨信功德

1.「如來滅後，後五百歲，有持戒修福者，於此章句，能生信心，以此為實，當知是人，不於一佛二佛三四五佛而種善根，已於無量千萬佛所，種諸善根。聞是章句，乃至一念生淨信者，須菩提！如來悉知悉見，是諸眾生，得如是無量福德。」

佛滅度後分成三個五百年，後五百歲就是佛滅後的一千零一到一千五百年，這時，若是有人能夠相信這部經，他的功德是很大的，證明他早已在許許多多佛的面前，種下善根，如來知道此人有無量的福德。

現在我們離釋迦牟尼佛涅槃已有二千五百多年，離佛在世的時代更遠了，假使你能夠相信如來所說的話，就已有無量功德。

2.「若有善男子善女人，初日分以恆河沙等身布施，中日分復以恆河沙等身布施，後日分亦以恆河沙等身布施，如是無量百千萬億劫以身布施，若復有人，聞此經典，信心不逆，其福勝彼。」

這句話很繞口，意思是如果你以無量無數的身體布施給眾生，這個功德實在是很大，但是與一個人因為聽了《金剛經》而產生信心相比，後者的功德更大。

二、法施功德比財施更大

1.「若人滿三千大千世界七寶，以用布施……若復有人，於此經中受持，乃至四句偈等，為他人說，其福勝彼。」

有人用三千大千世界的七寶來行布施，功德固然不小，但另一人不但自己能受持《金剛經》的四句偈語，還能說給他人聽，此人的功德更大。

2.「若有善男子善女人，以七寶滿爾所恆河沙數三千大千世界，以用布施……若善男子善女人，於此經中，乃至受持四句偈等，為他人說，而此福德，勝前福德。」

前一個例子是以一個三千大千世界七寶來布施，此處所說的數量更多了，加倍再加倍，以恆河沙數的三千大千世界七寶做布施。恆河沙數有無量無數，無法計算，但是此功德仍比不上受持《金剛經》的四句偈語，為人演說者。

3.「若有善男子善女人，以恆河沙等身命布施，若復有人，於此經中，乃至受持四句偈等，為他人說，其福甚多。」

前面的例子是用七寶做布施，這裡則是用身體。以無量無數的身體、生命，布施給眾生，這個福德還不如受持《金剛經》中的四句偈語再為他人演說的功德。

三、受持讀誦演說的功德

1.「如來為發大乘者說，為發最上乘者說，若有人能受持讀誦，廣為人說……皆得成就不可量、不可稱、無有邊、不可思議功德。如是人等，則為荷擔如來阿耨多羅三藐三菩提。」

這部《金剛經》是為了發大乘心、發最上乘心的人說的，所謂大乘心是菩薩心，最上乘心是無上菩提心。假如能夠受持讀誦，而且還能廣為他人演說，這種功德無可比擬，可說是已經擔起佛的功德了。

2.「善男子善女人，受持讀誦此經，……先世罪業，則為消滅，當得阿耨多羅三藐三菩提。」

若有人能受持讀誦此經，過去世的罪業即能消滅。這是因為已體會到「無我」，既然是「無我」，怨家債主就無法影響到你了。

3.「若三千大千世界中，所有諸須彌山王，如是等七寶聚，有人持用布施，若人以此般若波羅蜜經，乃至四句偈等，受持讀誦，為他人說，於前福德，百分不及一，百千萬億分，乃至算數譬喻所不能及。」

一個小世界，也就是一個日月系統，就有一個須彌山，那麼三千大千世界便有許許多多的須彌山；假如那些須彌山都是七寶所成，即使全部布施出去，也比不上受持讀誦《金剛經》，乃至只有四句偈語，或是為他人說的功德。

4.「若有人以滿無量阿僧祇世界七寶，持用布施，若有善男子善女人，發菩提心者，持於此經，乃至四句偈等，受持讀誦，為人演說，其福勝彼。」

同樣的意思，只是數目增加。滿無量阿僧祇代表無量無數，布施無量無數的世界七寶，其功德還是比不上受持讀誦《金剛經》，乃至於四句偈，而為他人演說，這種功德更大更大。為什麼會有這麼大的功德？這不是迷信，《金剛經》中有說明。

四、不受福德是無量功德

「若菩薩以滿恆河沙等世界七寶，持用布施。若復有人，知一切法無我，得成於忍，此菩薩勝前菩薩所得功德，何以故？須菩提！以諸菩薩不受福德故……菩薩所作福德，不應貪著，是故說不受福德。」

什麼叫作「得成於忍」？「忍」是無生法忍，就是斷煩惱而生智慧的意思。有智慧的人，不會在做了功德之後，以為是有功德。

結論

「云何為人演說，不取於相，如如不動？」

因為「一切有為法，如夢幻泡影，如露亦如電，應作如是觀。」

「不取於相，如如不動」是「實相」，所謂「實相無相，法身無身」。「實相」是「無相」，是如如不動的，因為「一切有為法，如夢幻泡影，如露亦如電，應作如是觀」。一切有為的法相，就好像是夢、幻、泡、影，又像露水，又像是電光；若能如此觀察，如此觀想，就知道一切相都是暫有的假相。

「佛說是經已，長老須菩提及諸比丘、比丘尼、優婆塞、優婆夷、一切世間天人、阿修羅，聞佛所說，皆大歡喜，信受奉行。」

聽到以上的佛法以後，所有的僧俗四眾——比丘、比丘尼、優婆塞、優婆夷，及一切世間所有的護法善神，通通聞法歡喜，信受奉行。

《金剛經》說到這裡，已經圓滿講完。大家非常歡喜，我也是一樣，因為《金剛經》實在太好了。

諸位聽完之後，回去要信受奉行、為他人說，至少要常常說「凡所有相，皆是虛妄」；發生任何困難、面對任何問題的時候，告訴自己：「無我相、無人相、無眾生相、無壽者相。」

祝福大家！

後記

這份《金剛經》講記，我於一九九二年一月十三、十四、十五日在臺北農禪寺講出後，又於同年八月二十九、三十、三十一日三晚在香港尖沙咀文化中心音樂廳講出，每場聽眾都在二千人以上。

另於一九九三年二月一日至四日一連四天晚上，以四個主題在臺北市國父紀念館大演講廳講出，聽眾每晚約三千人，文稿已由梁寒衣女士整理成冊交由臺北皇冠出版社於一九九四年以《福慧自在》為書名出版聞世。

本講稿首先講出而遲至一九九八年春由余如雯女士整理完成，與讀者相見，特此致謝。

一九九八年四月二十二日閱畢，聖嚴誌

《金剛經》生活

自序

《金剛經》在中國受到普遍和持久的重視，不僅佛教徒喜歡讀誦，一般知識分子也都喜歡閱讀。文字簡練優美，並且富有超越及空靈的哲理。雖然經義深奧，卻又能讓讀者感到清新和親切，故在許多的佛經之中，除了簡短的《心經》之外，《金剛經》是最能深入中國文化環境的佛經了。

在佛經的流傳史上，自從第五世紀初，鳩摩羅什將《金剛經》譯成漢文以來，歷代均有註釋，迄於明朝即有《金剛經五十三家註》的彙集本，到《卍續藏》編成之時為止，已蒐集了六十九種，比起其所蒐《心經》的註解數量六十種，還多出九種。

以往凡是註解經典，或是講解經典，都是順著經文的次第進行，逐句解釋，往往使得聽眾在聽完一座經後，尚無法明確其主題所在。因此我於一九九三年二月一日至四日的四個晚上，假臺北市國父紀念館大演講廳，演講《金剛經》時，便以每晚一個主題的方式講述，命名為「《金剛經》生活系列講座」。我從《金剛經》文中摘錄出與主題相應相契的經句及段落，配以主題及子題的標示，做了四場專題演講：1.《金剛經》與心靈環保；2.《金剛經》與自我提昇；3.《金剛經》與淨化社會；4.《金剛經》與福慧自在。

我一向主張「古為今用」，佛經不是僅供信仰持誦的，更當「如說修行」，應用於每一個人的日常生活之中。《金剛經》雖是佛法中的最高境界，如果能把修行經驗的層次釐清，也不難發現其切入現實生活的著力點了。例如，經中的「云何降伏其心」、「應無所住而生其心」便是心靈環保的指導原則；又如《金剛經》的「無相」，是以精神的「信心」及物質的六塵為基礎；自我的提昇，是從有相的假我來體驗無相的解脫。《金剛經》所強調的布施及忍辱，便是淨化社會、淨化人心的最佳方法。經中有十八次講到「福德」二字，並以「般若波羅蜜」的智慧成就為其經名，所以這是一部特別重視修福修慧的經典，同時也告訴了我們，唯有全心力地福慧雙修，始能速證解脫自在的無上佛果。

因為我將《金剛經》生活化、實用化了，所以講述之時，深受聽眾的歡迎，便委請青年女作家梁寒衣，將錄音帶整理成文，出版問世，我要在此一併致謝。

一九九四年元月十八日釋聖嚴自序

緒言——介紹《金剛經》

佛法認為萬事萬物皆是因緣所生，例如，建造一棟房子，必須有許許多多的條件、因素配合，不是一根柱子或一根樑木就可以完成的。我，聖嚴，今天不過是被佛教界或社會所襯托出來的一個人。我就像一個箭靶或箭垛，許多的功德並非是我的，而是跟我有關的周遭的所有弟子、信徒和朋友們，因為大家有共同的理念和相同的認識，所以成就出相同的事來，我只不過是其中的一個因素而已。所以對我的美言、榮譽，應該不是我的，而是屬於所有大眾的。

諸位已經看到這四個講題的題目：第一天是《金剛經》與心靈環保；第二天是《金剛經》與自我提昇；第三天是《金剛經》與淨化社會；第四天是《金剛經》與福慧自在。

《金剛經》這部經非常深奧，也非常抽象，很不容易懂，也很不容易講。要配合著我們實際生活來講，是非常困難的。我這次是一項大膽的嘗試，如果嘗試失敗，還請諸位原諒。

首先介紹《金剛經》，這部經在佛教中的地位相當高。佛法分成好幾個層次，基礎的佛法稱為「人天乘佛法」，即是以人為標準、以生天的道德律為標準，或者是以「生為人間」的要求，以及「生為天界」的要求為基準。

「人天乘佛法」特別強調因果，即「如是因，而如是果」，是「有漏」、「有為」的，也是有目的的，是「為了什麼目的而做什麼事，必定會得到它的結果」，至於不為什麼目的而做了什麼事，是不是會得到結果呢？一樣會得到結果。很多人做好事期望有好報，做壞事希望不得壞報，沒有這樣的事！所以，以人、天的標準來講，都是「有為」的，「有為」就是有我的，以自我的利害為出發點，人間就是如此。

人間如此，那麼天上呢？任何一個宗教都主張在人間修福報可生至天上，佛教也不例外。這是第一個層次。

第二個層次是出世的。很多人說佛教是「出世」的，出世是什麼意思呢？出世就是逃避現實、厭離現實。我們的世間充滿了煩惱、苦難和種種不合理的現象。生在人間是非常不幸的，即使最有福報的人降生人間，也並不是很舒服。所以，無論生在人間或天上都不究竟，都希望能脫離這個現實的世界，抵達佛家所謂的「涅槃」、「解脫」。但是光停留在這個層次，認為自己離開苦難就夠了，至於其他人在苦難中怎樣呢？不管他！這種「出世」，其實是「厭世」或「逃避現實」。

第三個層次是真正的入世，叫作「世出世」，在世間而不受世間的束縛困擾。雖然也生活在我們的人間，也接受這世間的一切環境，但是心中沒有煩惱、沒有厭憎，這就是菩薩的精神，也正是大乘佛教的精神。

大乘佛教就是要我們學習菩薩精神。菩薩精神即是在世間而不受世間煩惱困擾，在世間沒有自我的執著和自我的煩惱，就像《心經》中所說：「觀自在菩薩，行深般若波羅蜜多時，照見五蘊皆空，度一切苦厄。」「般若波羅蜜多」即是「智慧」的意思，以無我的智慧來勘破、透視我們所處的「五蘊」世界，五蘊世界即是我們身、心所處的環境。從般若智慧的立場來看，五蘊世界是由因緣聚合而成的，只是暫時、臨時、不斷變化的，因緣聚則聚，因緣散則散。所以，不必把五蘊的身心或環境當作牢不可破、永恆不變的存在。遇到好的，不會興奮過度，遇到壞的，也不必太難過；花開，自有花謝，冬盡，自有春來。環境、現象皆是無常的，好好壞壞皆不必太認真，這就叫看破、看透、看穿。能夠這樣，就是有智慧的人。《金剛經》的全名是《金剛般若波羅蜜多經》，即是以智慧來幫助我們看清這世界是空的，既然一切是空的，我們還要執著些什麼呢？

但是要知道，觀念上可以「空」，可是事實上我們還在生活。而且，只有一部分的人有這樣的觀念，許多的人還沒有這樣的觀念。即使有「空」的觀念的人，說得到也不一定做得到，想得到也不一定能夠實踐。所以，如實修行是不容易的事。

眾生不論聽到佛法或沒有聽到佛法，都還在煩惱苦難之中，因此我們要在苦難中幫助所有苦難的人，使人人皆能得自在、得解脫。當到達那樣的程度時，就是淨土的顯現、佛國的出現，這就是菩薩心、菩薩行，也就是《金剛經》的要旨。所以《金剛經》是諸佛經中最好、最高的經典。

一、《金剛經》的地位——諸經中之最高

（一）從有我的煩惱，到無我的解脫

凡是「有我」，一定不離煩惱。假如不把「我」考慮進去，煩惱就會離你而

去，即得解脫。「我」是什麼？很多人弄不清楚，以為有個真正存在的「我」，認為所謂的「我」，大概就是指我們的身體。事實上，我們仔細分析、考察一下，除了身體之外，還有心理層面的我、精神層面的我，那是非常抽象的，簡單地說，就是「心理及超心理的活動」。

心理活動是什麼？我們的身體從出生開始，就漸漸地在增加心理活動的頻率。剛開始心裡一無所有，懵懂、無知，然後自渾矇中慢慢開始有學問、知識，有種種自己的、他人的，我們的、他們的，個人的、大家的，對的、不對的，有利的、無利的等的想法、觀念，這些都屬於心理的活動。由於心理活動的表現，進一步就出現了超心理的精神層面。

精神的層面是什麼呢？是從我們身心的行為而產生的影響力。說得更抽象一點，離開我們的身體以外，我們還有精神的生活，例如，此刻諸位在這裡聽講便是一種精神生活。

很多人認為精神生活就是娛樂、藝術或思想，其實，這些都不出乎我們的心理活動。精神層面應該是更高於心理層面，高層次的精神活動是非語言、文字、思想所能表達的，它只能意會，不能言宣。凡是能夠以想像抵達的狀態，還只是心理的層面，不是精神的層面。

所謂意會，也就是體會，只能發出：「啊，我感覺好美！感覺好偉大！」究竟偉大到什麼程度？美到什麼程度？無法說出，也無法形容，只知道感受如此，這就是精神層面。

精神層面的我、心理層面的我，以及身體、肉體生活層面的我，都叫作「有我」。活在這個層次的我，可以說是通常的、世俗的，是高等動物的本能。

最近，我有一個徒弟離開了我，而且有他自己的發展。

好多信徒對我講：「你的徒弟離開你，還把你另外的幾個弟子也帶走了。」

我說：「正常的。」

為什麼？

母雞生蛋，蛋孵成小雞。小雞找東西吃是母雞教牠的，吃完後，小雞是否需要再生一個蛋給母雞呢？不需要；小雞需不需要告訴母雞，這裡有東西吃或那裡有東西吃呢？不需要。現實的世界中「物性」就是這樣子的，也就是說，物質的層面是這樣子的。

小鳥孵化後，母鳥需要抓小蟲餵牠。餵飽，羽毛豐滿，翅膀硬了，小鳥飛走，會不會找蟲來餵老鳥？多半是不會的。聽說有「烏鴉反哺」這樣的事，我沒見到過，只是有人這麼說。

我們大部分的人只活在物質的層面上，還不到心理的層面，在心理的層面即有知識、學問、道德、倫理等觀念出現，可以透過教育而完成；不過，透過教育而完成的倫理道德，在能做與不能做、應做或不應做之間，並沒有一定的標準。

在印度的佛陀時代不許做的，到了中國、到了我們這個社會，非要你做不可，還是得做；古代的中國人不准許的，現代的中國人可能就沒有禁忌了，也就是說，時代不同了。物質的環境、物性的層次，大家普遍都是共通的，但是心理的層次，卻沒有一定的公是、公非，沒有絕對的對和錯。這是由於文化背景、風俗地域的不同，倫理、道德的標準也就不一樣。

從一個學佛人的立場來看，這一切的現象我都能接受。我看到人們在物質層面的活動，覺得是正常的；看到他們在心理層面的活動，也覺得是正常的。人家說這個人不道德，沒有倫理觀念，我都覺得是正常的，也都能接受。也可以說，對一個佛教徒而言，沒有什麼事是不能接受的。

即使到了精神層面，也沒有一定的公是、公非，因為其實這都是「我」的問題。哲學家講理性、理念，以及最高的原則，但是東方哲學和西方哲學琳瑯滿目，不同的思潮和派別分庭抗禮，各自擁有不同的大師。每一個宗教都宣稱自己的神是唯一、最高、最究竟、最好、最偉大、最根本的「神」。所以有一次，一位西方人問我：「師父，今天世界的宗教發生這麼多的問題，如何能夠解決？」

曾經，在印度，印度教和伊斯蘭教發生戰爭。一直到現在，在中東，猶太教和伊斯蘭教也發生戰爭；甚至兩個伊斯蘭教國家，伊拉克和伊朗，也爭戰不休。更奇怪的是，原本是一個國家，後來一分為二，成為伊拉克和科威特兩個國家，也打個不停，都紛紛宣稱「神——阿拉站在自己這一邊」，對方那邊是「假的阿拉」。

所以，從宗教的層面、精神的層面講「我」，也都還是有問題的。因為凡是「有我」就有煩惱，不管是最低的物質層面、心理層面，乃至於精神層面。只要有我，就有煩惱，只有「無我」，才能得到真正的解脫。

《金剛經》中的「無我」就是《心經》中的「五蘊皆空」，就是不把個人的存在當作永恆不變、最重要、最可貴；同時，也不要把環境中你、我、他的存在當成永恆不變的。如果能有這種認識，對自己的問題就不會放在心上，對於他人帶給你的煩惱，也就不會看得太嚴重。

沒有一件事是實在不變的，一切的事皆如同花開、花謝。花尚未開的時候，是不是一定開得出花來？不一定。許多花尚未開放就已凋謝，許多的果實尚未成熟便已壞去。任何一件事皆是因緣所生，也就是說，沒有一件事是真的、是我的，從物質層面到精神層面，皆然。

但是大多數人都以為精神層面是最高的，所以許多哲學家為了他的思想、觀念拚命與人爭，認為「人可以死，但是思想一定得堅持到底」，這就是「有我」，那是很痛苦的一件事。

站在佛法的立場來看，今天的思想很好，可以給人用；到了明天，當自己有更好的思想觀念出現，就用來取代昨天的；如果別人的思想觀念更好，那就用來取代我的。如果能有這樣的想法，才是「無我」。但是，許多哲學家為了爭論思想上的「真」，至死方休，甚至延至徒子徒孫仍爭個不休，所爭的無非我所「見」，這都是心理層面、精神層面的問題。爭，即有煩惱，如果懂得《金剛經》，就能無爭，也就能解脫。但是無爭，是不是就是一個失敗主義者呢？不是！而是不堅持己見，不認為自己一定是最好、最高明的。

（二）從現實的生命，知究竟的存在

現實的生命雖然是假的，但仍是非常可貴的。因為，若沒有假的現實，我們不可能知道真的究竟。真的究竟是什麼？真的究竟就是「空」。「空」是什麼？空是絕對地存在。世界上任何東西都會被破壞，只有一樣東西不會被破壞，那就是「空」。

空的意思有二：一是空間，一是什麼也沒有，即「空無」。佛法裡所講的空，不是「空無」的空，而是「空間」的空。

「空間」存在於什麼地方？存在於「我」與「我」之間——你、我之間有空間，細胞與細胞之間有空間，原子與質子，乃至最小的物質與物質之間都有空間。空間本身能形成「有」的存在。如果沒有空間的活動餘地，世間的現象就會變成一片死寂、暮氣沉沉，因為有空間，所以有迴旋的餘地。

因此，佛法講的「空」，不是空無的空，而是空間的空，也才是《心經》所講的「色不異空」。色的意思就是「物質」，物質現象的存在皆在空間之中，世間的現象就是幻起幻滅，從現實的生命，從你、我、他的活動，我們可以認知到究竟的存在是什麼。

究竟的存在，就是無我的解脫。解脫以後的無我，必須給它一個假的名字，還是叫「我」，那是一個沒有執著的我，但其功德、智慧、悲願仍是存在的。存在於哪裡呢？哪個地方有佛法的功能，就是佛的慈悲、佛的法身的存在。

（三）凡所有相，皆是虛妄，無我無相，功德無量

「凡所有相，皆是虛妄」，前面已經做了一些說明，進一步談「有相」這個「相」是什麼？《金剛經》中提到四種相：我相、人相、眾生相、壽者相。如果用現代的名詞來說，就是我們的生理現象、心理現象，以及環繞我們環境的社會現象。什麼叫作「社會」？凡是人和人的關係、組織，以及彼此的互通有無，就叫「社會」。

我們的生理現象、心理現象，加上環繞周遭的社會現象，就形成我相、人相、眾生相和壽者相。

壽者相是什麼？並不是鬍子很長、頭髮很白就稱為「壽者相」。壽者相是「時

間相」的意思，是生命在時間過程中所做的活動。而生命的活動是在社會之中進行，社會的關係是什麼？是你、我，以及由許多的你與許多的我，加起來形成的眾生。《金剛經》提及的「眾生」，主要是指人，許多人生活在一起就叫作眾生的環境。

然而這些有你、有我、有環境的存在，都是「虛妄相」，因為這些都是經常在變異更動的。因此，「凡所有相，皆是虛妄」，虛妄的意思，是暫時的、臨時的，跟演戲一樣，演什麼戲就扮什麼角色，這角色不是永恆不變的。

我現在請問諸位，今天我是主講人，諸位是聽眾，然而，剛剛主持人在台上講時，我卻只是台下聽眾的一員，我現在在台上，等一下我下台，換另一位上台，譬如司儀，那麼我就變成聽眾，他是主角；所以是互為賓主的，沒有一定的立場，主角與配角經常在互動、在替換。又譬如，一對夫妻，兩人在家中究竟誰是主人？不一定，有的時候太太是主人，有的時候先生是主人。如果總是太太或先生當主人，那麼，這個家庭一定有問題。必須互為賓主，也就是為什麼夫妻相處必須相敬如賓——即是「你將我當貴賓，我也將你當貴賓」，如此，才能相處得好。如果老是認為自己是貴賓，自己是主人，一定有問題。

凡是有我，便煩惱無比，付出多少，就想回收多少，甚至想連本帶利地回收。付出一塊錢，則期待下個月回收一塊一毛，擁有一毛的利息。付出一塊，如果下個月仍回收一塊，心裡便想：「啊，倒楣透了！投資錯了。」如果投資一塊錢，回收兩毛錢，便覺得蝕本了，很煩惱。

又譬如，我收徒弟，栽培了幾年，最後還是離開了。養一條狗，狗走時還會搖搖尾巴，收了一個徒弟，走時卻可能倒打一釘耙，如果我因此煩惱不已，從此再也不收徒弟了，這是有我呢？還是無我？

這是有我。

所以，我經常這麼想，人家對我如何，我是不管的。我應該對別人怎樣，卻很重要，我必須先盡到自己的責任。我常常反省，我究竟像不像一個師父？像不像一個法師？是不是對得起我的徒弟？對得起我的信眾？至於，我的徒弟對我怎麼樣，那是他們的事，我已盡了我的心，如果徒弟、信眾對我不好，我還是要反省自己，是不是自己無德無能，無法教育、感化他？是不是自己盡的心力不夠，所以無能教好他？這是我自己的責任，不能怪他們。如果有人批評他們，我會說：「你不要批評他們，這是我自己沒有盡到責任。」

我並沒有得解脫，所以還是「有我」，當有人批評我的時候，我心裡還是會動一下，像是「指南針」一樣。指南針靜止時原是不動的，但是，稍微將它晃動，指針就會動一下，然後再恢復為原來的狀況。所以，在動一下之後，我會馬上調整自己，對自己說：「無我相、無人相、無眾生相、無壽者相，我動什麼啊？」

對世間要永遠付出慈悲心、關懷心，不要有怨恨心，也不要對任何人失望，這才能功德無量。否則，做了一點點功德沒得好報，便不做好事了，這還有功德嗎？如果好心不得好報，這也是正常事，不必太過在意。

二、《金剛經》的目的——廣度一切眾生

（一）不住於相而行布施

「不住於相」，「相」的意思在《金剛經》中講得很清楚，即不住於我相、人相、眾生相、壽者相而行布施。拿什麼來做布施呢？

有錢可以布施，沒錢也可以布施，有學問可以布施，沒學問也可以布施，甚至

是一名乞丐也有東西可以布施。

有錢可以用錢布施，有物可以用物布施，有知識、技術，則可以用知識、技術布施。如果什麼都沒有，也可以用歡喜心來布施，或說一句讚歎的話，用言語來布施。譬如，人家做了一樁壞事，你原本可以罵他，但你不罵他，只是念一句「阿彌陀佛」，但願他以後不要再做壞事，用心的力量、口的力量，多多少少也可以影響這個人。心有誠，物有感，頑石也能點頭，何況是人？因此，只要誠心祈求、祈禱，希望他不再做壞事，或用柔軟語來勸導、感化他，那也很好，也是布施。

如果人家做了好事，我們就應該讚歎他，雖然只是一點點好事，但是，也應該加以讚歎。人都是希望受到鼓勵、讚歎的，而不希望被指責、謾罵。所以，不論是財布施或言語布施，布施如果得當，我們的社會就會非常和諧，非常祥和、幸福。人人布施自己而成就他人，我們的社會還有什麼不理想、不滿意的事呢？

但重要的是，要不住於相，住於相就麻煩了。住於相的意思就是說，布施時一定要布施給某一個人，布施給某一個特定的對象，並要求獲得一定的回應。

譬如，過年時在農禪寺，好多人來向我拜年。我算是什麼人物，值得人家這樣拜？他們拜的時候，我念著「阿彌陀佛」，心裡想，他們拜的是阿彌陀佛，不是我。而拜年的人呢？有的是來看看「聖嚴法師」是什麼樣子，有的是以恭敬心來送紅包給我，來讚揚我，這兩種都有。

但是，曾經有一個人告訴我：「師父，你看，那些人來了，又不送紅包，只會眼睜睜地瞪著你看，這些人真是罪過！」

我說：「阿彌陀佛！不可以這麼說。他們來見我，我都以平等心祝福他們早日成佛，早日得解脫。我平等地祝福他們，他們紅包裡有多少錢，我根本不管，也不管他們究竟有沒有送紅包。他們能來，便是不容易！他們沒有去看電影，而來看我這和尚，就算是抱著好奇的心情，也是好的。」這就是一種「無相」的態度，就是不要以差別心、差別態度來看待眾生，而以一律平等、無差別的態度來接待他們、祝福他們。

但是我們都還在凡夫的階段，怎麼可能完全「無相」呢？至少我知道什麼人給了錢，什麼人沒給錢。但是，我會時時警惕自己，要「無相」，要平等地給予祝福。而且既然聽了《金剛經》，念了《金剛經》，何況我還在講《金剛經》，當然更要練習著具備這樣的態度。

布施無相，我們受布施，也要「無相受」，心裡才不會覺得有愧於他們。

（二）應無所住而生其心

「無所住」，是對「住相」而言。前面已經講過「無住」，很多人誤解佛教是消極、逃避現實的，一講到「無我」，好像這個人已無可救藥，不為今生，也不為未來。一講到「無相」，更覺得這個人大概沒希望了，因為他什麼也不要，什麼也不管了。

究竟「無住」的「住」是什麼意思？用現代的名詞翻譯，就是「在乎」。我不「在乎」、我「在乎」，就是「住」的意思。凡夫的心理活動，都離不開「在乎」——我很「在乎」他講我，我很「在乎」股市今天跌了，因為數字下跌與我的財產息息相關，這便叫作「住」，心「住」於股票，「住」於某一樁事、某一個人。

人常常喜歡在人前表現，人後表功。有沒有這種人？有！多多少少，每個人都有這種毛病。如果不求表功，似乎即無表現，想要表現自己的能力，這是十分正常的。表現給誰看？表現給別人看，職員表現給老闆看，民意代表表現給人民看，政府官員表現給長官看，這都是正常的，但這都是「在乎」。但是，真正懂了佛法以後，會在心裡清晰知道自己該做什麼、不該做什麼；該做則做，不該做就不要做，不在乎利害得失，不在乎自己好不好，這就叫作「無住而生心」，但這個心已不是煩惱的心了。有住而生心，生的是有我的心，是煩惱心；無住而生心，生的是慈悲心，是智慧的表現。

（三）內以智慧為基礎，外以慈悲作表現，福慧圓滿，同成佛道

智慧就是離開主觀的自己，也離開客觀的對象。不考慮客觀的對象，也不考慮主觀的自己，才是真正的智慧。

有一些人或許能做到不考慮主觀的自己，但是卻沒有辦法做到不考慮客觀的對象。一個慈母可以不考慮自己的利害，但是，她一定會考慮到自己的兒女。

我曾經見到一位小兒科醫師，他的兒子害了重病，結果他把兒子送到另一位小兒科醫生那裡醫治。我問他，為什麼不自己醫治？

他說：「這是我的兒子。藥下重了，我怕他受不了；藥下輕了，又怕醫不好。所以，只好硬起心腸來將他送去外面醫治，不管如何，由別的醫生來負責，我信任

那醫生就好。」

所以，父母可以放下主觀的自己，卻放不下客觀的兒女。這算不算「智慧」呢？不算！真正的智慧，必須放下兩邊——主觀的自己和客觀的對象，事情該怎麼處理，就怎麼處理，只看「事」的本身，而不考慮「個人」的因素。

常常有人認為，我是一個慈悲的法師，似乎什麼人都能幫忙到底。今年春天，就有人找我要錢，我不給，他便說：「你是法師，為什麼不給我錢？」

我問他：「你為什麼找我要錢？」

他說：「因為我沒有錢，而你是法師，所以向你要錢。」

我說：「我沒有錢，有錢，也不應該給你。」

他說：「哪有這麼不慈悲的和尚？」

給錢必須有智慧，我並不隨便給錢。這個人身體滿好，年齡也不大，明明可以工作，為什麼跟我要錢？我的錢，是人家做工賺來的，是人家省下買菜、家用的錢來捐給我們的，我怎麼可以給他拿去喝酒、抽菸、看電影或做其他更壞的事？所以，這錢我絕對不給。

於是，那人就對我講：「師父不慈悲啊！我這樣的人跟你要錢，你竟然不給。」

我說：「我不能濫慈悲，請你原諒了。」

有智慧，才能真正行慈悲。智慧就是沒有個人，也沒有對象，只有「事」——這件事應該處理、應該做、必須做、值得做，就去做，沒有特別一定為誰而做。

內在以智慧為基礎，外表以慈悲來表現，慈悲的意思，就是救苦、濟貧、救難、救急，這些也需要有智慧。貧，可以救，但不能只是去救貧，要更進一步幫助他，教他如何變得「不貧」，才是根本的解決辦法。救「苦」——病苦、老苦、種種的苦，我們要用物質的、觀念的、關懷的、安慰的方法，幫助他「離苦」。救「難」，是他人有了災難，我們要立即伸出援手；救「急」，當對方處在危急之中，我們要立刻幫助。

「慈悲」是幫助所有的人。我們法鼓山有一句共勉語「慈悲沒有敵人」——心中沒有仇恨的人。這有兩層意思：

第一，雖然他是我的敵人，現在他陷入困境要死了，我要不要救他？救起來之後，他可能仍是我的敵人，那麼，到底還要不要救？站在佛法的立場，救的並非敵人，而是一個有危難的人。我們救難、救急，並不做敵人想，所以，一定要將他救起，這是第一層意思。

另一層意思就是，如果你有慈悲心的話，敵人也會變成你的朋友，變成你的道侶、你的善知識。我們不要對任何一個眾生失望，以慈悲心待他，必定能感化對方。

至於以什麼方法來感化他們？一是教育，二是關懷，兩者都必須仰賴智慧。我們常常聽說「金剛怒目，菩薩低眉」。菩薩低眉，是慈悲；金剛怒目，也是慈悲。所以在寺院之中，常見四大天王站在三門，英姿威武，喝阻妖魔鬼怪接近。三門正中，又見彌勒菩薩笑臉迎人，歡迎大家光臨，二者都是慈悲。因此有時候，師父也會罵人，仁王也會用兵。

「福慧圓滿，同成佛道」就是《金剛經》所說的，唯有慈悲與智慧的圓滿，始能成佛。也就是希望一切眾生皆能有智慧，也皆能有慈悲，以智慧行慈悲，繼續不斷地直到成佛為止，這就是從「菩薩道」進入「佛道」的修行。

第一講 《金剛經》與心靈環保

一、環保的層面

（一）保護物質的自然環境

包括生態資源的保護以及物質資源的保存。所謂生態保護，包括對於所有野生動物以及植物的保護。

要將所有動、植物生存的環境，都看作是我們身體的一部分，沒有這些動、植物，人類也無法單獨生存。這些共同生活的生物環境，相互之間都有它自動、自然的調整作用，如果人為加以破壞，使自然生態環境失去平衡，也會為人類帶來災難。例如，撲殺麻雀，結果蝗蟲一來，即釀成蟲災。麻雀固然吃米穀，但也吃蟲，也幫人類避去了蟲害。麻雀吃了農夫辛勤耕種的穀物，把麻雀撲殺，表面上看起來似乎是對的，但卻因此破壞了生態環境的平衡，會為人類的生存帶來災難。又例如砍伐森林，目的在於增加耕地面積，擴大農民生產，不過一旦森林砍伐殆盡，一片童山濯濯，成為光禿禿的不毛之地，勢必引起旱災，亦引來水患。

臺灣是個彈丸之地，如果任意破壞自然生態，我們很快便會受到報應。許多先進國家，例如美國、日本在國內講環保，卻到印尼、南美洲去砍伐原始森林，這是一件很愚蠢的事。我們這個世界，現在已經是「地球村」，彼此息息相關，聲氣相通，樹木在本國和自己有關係，在南美洲、印尼，又何嘗沒有關係？

除了生態資源的保護，物質資源的保存也很重要，現在我們對物質資源的浪費，很快就會帶來災難；譬如，對石油及水資源的浪費，石油及水，有如人體的血液，如果將油料燒盡，地下水抽光，會為人類帶來什麼情況？後果或許會可怕地不堪想像！

目前，我們雖然生活在非常富裕的物質環境中，但是人類的健康狀況卻愈來愈壞，科學文明愈昌盛，人類的苦難並沒有因此而減少，我們的快樂和幸福未必超越五千年前的老祖宗。

以佛教來說，佛教主張要愛護一切眾生。因為愛護所有動物，所以不殺生；因為愛護所有物質，所以要惜福。對所有一切物質，都應該好好愛惜、好好運用，一用再用直到不能用為止，這樣才能把我們的環境保護好。

佛法說，我們的身體是「正報」，生存的環境是「依報」，因為我們必須依靠環境而生存，所以叫作「依報」。如果我們繼續不知節制地破壞、浪費而不加以愛惜，不僅我們的子孫無法享有這樣的福報，我們自己的來生，也因此而無法往生淨土了。

（二）保護人間的社會環境

保護社會環境包括對家族倫理、社會倫理，乃至於對職業及政治倫理的保障與維護。人與人之間的關係，必須要有倫理。倫理的意思，就是尊卑、高下、長幼和先後有一定的次第。例如，我們今天聽講的座位，如果每一個人都有他的位置，進入會場的時候，一定井然有序，不會你爭我搶；如果會場的座位安排沒有對號，一旦很多人同時進來，就可能產生你占我奪、爭先恐後的狀況。所以，人與人之間，必須有倫理的規範；如果不遵守倫理，或許一時間彷彿自己占了上風，他人遭殃，事實上，自己就在其中，根本難以豁免，到頭來還是反受其害。

有一個故事是說，有一個惡媳婦虐待她的婆婆，每天用同一只破碗盛飯給婆婆吃，吃完了也不洗，第二餐再用同樣的碗盛飯給婆婆吃。終於有一天，這個惡媳婦自己也娶了媳婦，但是她對婆婆依然故我，仍是老樣子。一次，這位惡媳婦拿了這只破碗隨手一扣幾乎打碎，她的媳婦馬上把這只破碗搶過去說：「婆婆，不能打破啊！」

這位惡媳婦問：「打破有什麼關係？」

她的媳婦答：「不行啊，我還準備將來留給妳用哩！」

這雖然是個笑話，卻是值得警惕的，一代看一代，你如何對待上一代，你的下一代也會如何對待你；就算你的下一代不如此待你，以佛法的眼光來看，你仍然得承擔起因果。所謂「惡有惡報，善有善報，若有不報，時辰未到」，這一生不報，來生也會報。佛法中有「花報」與「果報」，「現生報」也叫「現世報」，現世報僅像是開花一般，並不是全部，來世的報才是更厲害的結果。

此外，既得遵守家族的倫理，也須遵守社會的倫理。社會的倫理是什麼？每一個社團都有它的倫理關係，譬如，組織法中規定負責人和成員，以及他們彼此之間的運作方式，否則，這個團體就變成一群烏合之眾。而宗教更是重視倫理，師徒關係、信徒與出家人的關係，都是倫理；有職務的倫理、職位的倫理，甚至還講戒臘的倫理，誰先受戒，便應受到尊敬。

「倫理」如果用佛教的語言來講，稱之為「法住法位」，也就是說，每一個現象，都有它一定的位置。每個人在不同的時間、環境中，都有他不同的位置；每一樁事物，在不同的時間、情況下，都有不同的立場和位置，我們要加以尊重，這就是倫理。

例如，有時候我是老師，有時候我做學生。做老師的時候就要像老師，做學生的時候就要像學生。諸法因緣生，諸法因緣滅，各有其軌跡、地位；違者相互衝突，順者彼此輔助。

雖然說要隨順因緣，但佛法也鼓勵人要積極促成因緣。因緣沒有成熟，要促成它。如果怎麼樣也做不出來，那就暫時擱下。譬如說，我計畫到國父紀念館演講，但是場地怎麼也租不到，那到底還要不要講呢？如果怎麼也租不到，便放棄演講計畫。因為我知道「諸法因緣生」，別人也需要用場地，並不是只有我才能用，所以不需強求，只要等待以後有因緣就好了。

（三）保護自我的內在環境

自我的內在環境，包括心理活動和精神活動。

佛教指出，心有「染」和「淨」、「真」和「妄」之分。「染」是煩惱，「淨」是智慧；受幻境的迷亂，就是「妄」，證得諸法的實相無相，就是「真」。一般人的心理活動，無非是虛妄的煩惱相，無我、無相的精神活動才是解脫自在的智慧功能。

前面我們已經大致解釋過有我、執著、以自我為中心的意思，那便是染的、妄的、煩惱的；相對地，無我的、無住的、不以自我為中心，便是淨的、真的、智慧的。

二、《金剛經》的心靈世界

一共有四個層次：

（一）淨化人心

心靈環保便是人心的淨化，由人心的淨化，推展到社會環境及自然環境的淨化，始能落實、普遍、持久。

所謂「心靈環保」，是一個現代的名詞。其實，佛教很早就主張，要把我們的心清淨，必須將煩惱心淨化，成為智慧心，這就是心靈的環保。

心靈的世界包括心理的活動和精神的活動。如果我們的心理環境或精神環境常常困擾我們，心靈就不健康了。為了保護我們的心靈環境，變得有智慧、清淨、自在，就必須從人心的淨化做起。

（二）發菩提心

人心的淨化，必須放下自私自利，確信利人便是利己，故當如《金剛經》所鼓勵的「發阿耨多羅三藐三菩提心」。什麼是「阿耨多羅三藐三菩提心」呢？這是《金剛經》中非常重要的一句話，就是要發成佛的無上菩提心。

要發成佛的心，必須先學菩薩的精神，菩薩的精神就是「以利他為利己」，菩薩發願並不是急著想要自己先成佛，而是希望先度眾生。諸位一定聽過地藏菩薩發的願：「地獄未空，誓不成佛。」這就是菩薩精神，是以利益眾生來利益自己，也就是不為自私自利，只為利他。這種觀念正是我們現在的社會，以及永遠的人間社會所需要的。如果人人都能不為私利，而致力於利他，這世界當然就不會有什麼紛爭了。

利他行，並不等於做濫好人。必須智慧與慈悲兼顧，方能使我們的世界真正地淨化。

（三）保護初發心

發了無上菩提心，應當知道如何時時保護此一「初發心」，是故《金剛經》說：「云何應住？」

這個「住」和前面的「住」不同。前面提過的「住」是「在乎」，這裡的「住」是不要離開、不要退心、不要忘掉。要住於無上菩提心，不要忘記自己最初所發成佛的願心。要時時提醒自己，不可忘記自己是一個發願成佛的人，如果能夠這樣，便能時時以利他為利己。

（四）降伏煩惱心

住於無上菩提心者，必須知道如何處理心猿意馬的虛妄煩惱心。《金剛經》說：「云何降伏其心？」如何使我們心猿意馬的煩惱心、妄想心、自我執著心平伏下來、化解開來呢？這就是《金剛經》的內容，也是最重要的主旨。

三、《金剛經》的心靈環保

（一）「應無所住而生其心」

「無所住」，就是「不在乎」，不在乎自我的利害得失；「生其心」，就是以無私無我的智慧，處理一切事物。

（二）「應如是生清淨心，不應住色生心，不應住聲香味觸法生心」

當我們行布施、做好事、發起慈悲心的時候，不要有一定的對象。「色」就是一定的對象，紅的、綠的、方的、圓的、長的、短的、親的、疏的等一定的對象；「聲」就是各種聲音；「香」就是諸般氣味；「味」就是酸、甜、苦、辣等味道；「觸」是感觸、身體官能的接觸；「法」是自己心裡的想法或觀念，一切屬於心理或精神部分的，宗教或哲學上的最高原則或「神」。色、聲、香、味、觸、法這六種合稱為六塵，都應該全部擺脫，這樣心靈才能得到清淨，這樣行布施才不會生煩惱心。

（三）「應生無所住心，若心有住，則為非住，是故佛說菩薩心，不應住色布施」、「菩薩為利益一切眾生，應如是布施」

「若心有住，則為非住」，意思是說，如果心仍然執著於色、聲、香、味、觸、法，就是「非住」，就是「不住於菩提心」。菩薩為了利益一切眾生，應該以

「無住心」布施，這才是真正的菩提心。

四、從有到無的心靈環保

（一）普通人的心理活動——住於過去和未來

一般人總是常常想著過去、想著未來，能夠想到「現在」的已經不錯了。我們通常會記掛著過去的對錯毀譽，以及幻想著未來的期許：下一次的好運，是不是輪得到我？如果只想到過去、未來，「現在」又如何做得好呢？

成功的人不能沉醉在過去，也不可幻想著未來，唯有努力於現在，才是最可靠的。

（二）大修行人的心理狀況——住於現在的活動

學佛修行的人不要老是擔心：「我如果犯了戒，就要下地獄了！」也不要老是渴望：「阿彌陀佛！你什麼時候拿金台、銀台來接引我？什麼時候才會來呢？我死的時候你來不來？」這樣空想是沒有用的，現在趕快精進念佛才是最要緊的。

這就好像有人看到一顆蘋果快要熟了，他便站在樹下想：「這顆蘋果是我的。」於是，就站在樹下張著嘴巴等，他老是在等，而不去摘蘋果，結果蘋果尚未掉下來之前，可能就來了幾隻鳥把蘋果吃掉了。這就像是只幻想著美好的未來，卻不把握現在及時動作，這是沒有用的。

我們常常就像是那位在樹下等蘋果吃的人，以為等著、等著一定能等到。等待是不會有結果的，只有努力才會有成果，有時候可能努力了都不一定能夠得到，但是，還是一定要努力，才會有機會；如果努力過後仍得不到，也可以問心無愧了。以摘蘋果的例子來說，也許當你還沒爬上樹去，它就被鳥吃了，或掉下來跌壞在地上了。但是，在爬樹的時候不能擔心：「反正蘋果一定會被鳥吃去，算了！我不爬樹了。」而是要重視現在的努力，大修行的人、成功的人都是這樣，不會老是怨天尤人，不會因為別人的得意失敗，而在一旁空歡喜、徒悲哀。

（三）解脫者的智慧反映——不住於過去、未來、現在

《金剛經》說：「過去心不可得，現在心不可得，未來心不可得。」就是解脫者已經心無所住，不住於現在，也不住於過去、未來的一切相，這叫作「無相」、「無我」，也叫作「解脫」，就是一個有大智慧的人了。

我們大家都還是凡夫，雖然還做不到，但知道有這麼一個境界，希望有一天能夠做到這個程度，所以要修行。至少要能做到「住於現在的活動」，不要停留在第一種「住於過去和未來」的狀況。

第二講 《金剛經》與自我提昇

在未進入正題前，要先說明一個事實，那就是，真正的佛法是無法可說的，也沒有一定要說什麼法，因此「法無定法」，跟不同的對象、在不同的時代、針對不同的環境需要，就說不同的法。只要對當時的人、當時的社會有用、有利益，就是佛法。

以《金剛經》來說，經中所提出的主要觀念，即是「空」，「空」就是無所執著，沒有一定要說什麼、要告訴人家什麼。所以，佛法並不一定非講什麼不可。如果一定要講什麼，就不是佛法。就好像說，有人喜歡吃辣的，有人喜歡吃臭的，有人喜歡吃大蒜，有人喜歡酸的。如果他們每一個人都想把自己喜歡吃的給別人吃，那麼，這時候必定會有爭執。

每個人性格不同，年齡層次、生活環境不同，需求也不一樣，因此就佛法來說，尊重所有人的需求，尊重一切眾生的需要，只要對對方有益，就是佛法。

一、《金剛經》的自我觀

（一）自我的層次

自我的層次有三種：自私的自我、博愛的自我、實相的自我。

1.自私的自我——小我

自私的自我，一般人稱為「小我」。因此，為自我、個人的利益而追求、努力，就是「小我」。我們經常聽到這麼一句話：「人不自私，天誅地滅。」這是正常的，一個人如果不為自己的福利努力，他還有生存的餘地、生活的可能嗎？所以「小我」非常重要。自私的我並非壞事，中國有一位哲學家叫作「楊朱」，主張「拔一毛而利天下不為也」，聽起來十分小氣，可是如果人人都能為自利而奮鬥、努力，我們這個社會不是都能自給自足，不是都能非常富裕了嗎？所以，小我不能沒有。

小我有它不同的範圍，首先是個人的小我，其次是夫婦兩人的小我，然後是家族的、團體的、宗族的、民族的、國家的、人類的我，這些都是小我的層層擴大，不是大我。例如，人看到毒蛇猛獸，覺得是可怕、可恨的，應該被消滅，這是站在人類的立場而說的，因為人類的自私，而沒有想到我們有權利生存，毒蛇猛獸為什麼沒有權利生存？牠們在世上和我們一樣都在求生存，為什麼牠們不對，而我們是對的呢？

2. 博愛的自我——大我

博愛就是對一切人施以平等的待遇、平等的關懷。所謂「犧牲個人的小我，完成全體的大我」。許多革命家、宗教家、哲學家們都有這種胸懷，不為一己之私，不為個人家庭，而為國家、為民族、為全人類、為整個世界和平，將自己奉獻出來。如將士的殉國、宗教徒的殉教、哲學家的殉道，這種為大我而犧牲的愛，稱之為「博愛」。

但是對於所有一切眾生的平等待遇，除了佛法之外，其他的哲學、宗教很少把低等乃至高等的一切眾生，都平等看待。中國的儒家雖也有「民胞物與」的主張，但仍然不脫以人為本位，以人為尊。

很多人認為大我就是無我，但是大我還是有一個我，還是有一個主體。佛教認為不但一切人是平等的，一切眾生是平等的，並且進一步指出所有眾生所以為的

「我」，都是不存在，都是空的，既然都是空的，當然也就是平等的了。所以，佛教的眾生平等觀，其實是從「無我」產生的。

3.實相的自我——以無我為自我

前面已經解釋過《金剛經》的「空」指的是時間、空間的空；所有時間上的變動及空間上的移動，一切現象都在變動之中而存在。佛法講「無常」、「無我」，是因為一切現象都在變化之中，沒有絕對的、永恆不變的自己或「我」。一般人所以為的我，乃是假相的我，不是永恆的存在；而哲學家和宗教家所認為最後的、最高的「神我」，其實是一種觀念和信仰的存在，並非真實不變的本體。

佛法認為，實相即空相，空相即無相。以「空」為自我，即是放棄自私的、自利的、以自我為中心或以功利主義為出發點的種種觀念執著，這才是實相，才是無相，才是解脫。

「解脫」一共有三個名字：「空」、「無相」、「無願」，合起來稱為「三解脫門」。如果我們希望從煩惱、痛苦、業障的束縛中得到解脫，就必須親證「空」、「無相」、「無願」。

空就是無相，從字面上，就很容易懂，但是無相為什麼就是「無願」？可能就不是那麼容易理解了。

「願」的意思是志向的原動力。從佛法的立場說，凡夫眾生之所以浮沉生死大海、流轉生死，都是由於造了善業和惡業的緣故。造善業，即生人間、天上，造惡業，便為他類眾生。造的善業不夠多、不夠好，生在人間就會受比較多的苦難。

已經解脫的菩薩、聖人，他們也在我們的人間廣度眾生，也以父母所生的肉身出現在我們這個世間，陪著我們受苦受難，可是他們心中已得到解脫，所以苦難並不會為他們帶來煩惱。

凡夫眾生在生與死中浮沉，是由於業力，菩薩們於生死中往來是「倒駕慈航」，是由於願力。這個願力便是來自最初所發的「成佛的心」、「無上菩提心」和「行菩薩道的心」，依此願力，生生世世行菩薩道，及至解脫之後，仍留在人間廣度眾生，但這時候不是以業力，也不以願力，而是以「無願」。

「有願」並未真正解脫，還算是凡夫的菩薩。像我們每一個人都希望自己立個志願，準備做什麼，希望做什麼，計畫做什麼。到了「無願」的程度——解脫的菩薩和佛，便不需計畫、不需再立願、發心，因為他們本身已在「願」上了，正如車子在下坡時，只要一啟動，自然就會往下滑，不需再加油，這就是「無願」的意思。

如果還有願，就仍是凡夫，到了「無願」，才是大解脫的菩薩和佛，故稱為「三解脫門」。「三解脫門」即是《金剛經》所說的「無我相、無人相、無眾生相、無壽者相」，雖無相而仍在人間廣度無量眾生。

法鼓山不僅僅是位在臺北縣金山鄉的一個地方，而是一個「提昇人的品質，建設人間淨土」的理念之具體實踐。我們希望世界上每一個人都能成為法鼓山理念的信奉者和實行者，這是不是心太大了？不大！菩薩不是說「眾生無邊誓願度」嗎？我這一生度不了幾個人，連我本身是不是已經得度都是一個問題，但是，我們的理念和使用的佛法卻是無限的。所以，我們不以時間、空間做為我們的範圍，唯有如此，才能稱為「實相」、「無相」。

二十幾年前，我在美國時，有一個美國人跟我一起修行禪法、打禪七。當時我介紹「無我」的觀念，說：「開悟之後，就會將自我中心融化，沒有小我，亦沒有所謂的大我。」到了第三天，他打坐坐得很好，幾乎連自己都快要沒有了，沒有手、沒有身體、沒有頭，不知道自己究竟在哪裡。

他很恐懼，於是來找我，說：「師父，我想回家了。」

我說：「為什麼？」

他說：「我坐得非常好。」

我問：「你打坐坐得很好，為什麼要回家？」

他回答：「我還有女朋友，如果變成了『無我』，我是不是還要結婚呢？我可以不結婚，但是我的女朋友她可不能不結婚。所以，我不能再坐下去，再坐下去就要變成『無我』，變成和師父您一樣了。因此，我不坐了！」

後來，我把觀世音菩薩、普賢菩薩、文殊菩薩的照片給他看，問他：「他們有沒有頭髮？像在家人還是出家人？」

他說：「有頭髮，像在家人。」

我就說：「做為在家人，也可以是大菩薩。」

他說：「真的？那是不是可以結婚呢？」

我說：「你準備要幾個太太？」

他說：「只要一個就夠了。」

我說：「沒有問題，你打坐，開了悟，如果還會想結婚，還是可以結婚的。」

他將「無我」、「無相」誤解了。所謂「無我」、「無相」是指心中不要執著。前面講到「無住」，是不要在乎的意思，有太太，卻不在乎太太愛不愛我、罵不罵我，而只是把太太當成太太，扮好先生的角色，這就好了。因此，如果真正能做到「實相的自我」，那就是大解脫了。得大解脫時，不在乎、不計較是在家或是出家，但這是菩薩的層次，一般凡夫是做不到的。

（二）執著的自我

1. 四大五蘊的我

「四大」不是一般人所謂的酒、色、財、氣，佛法所說的「四大」，是指地、水、火、風等構成物質的主要元素。主要出自於人的身體的結構分析，自然界的物質世界，也可以依此類推。印度哲學中除了佛教，其他幾派的哲學也談到物質的世界分為四大類。

在人的種種執著中，以對身體的執著為最重，因此，佛法指出最難放下、最難破除的就是「身見」。「身」是我們的命，什麼都可以不要，但命不能不要，一切都可以放下，但命不能放下。

雖然，也有人愛財而不要命，但是到了真正要他命的時候，還是會把財放下，因為命最要緊。人沒有了身體，就無法感受到生命的存在。所以，身體是非常重要的。

身體是由四大組合而成，所謂的「四大」是什麼？血液、鼻涕是「水」；骨骼、經絡、皮膚是「地」；體溫是「火」；體內的許多空隙和呼吸是「風」。

但如果將四大分開來看，我們的身體就不存在，而且四大本身也不斷在變化。喝水、尿液，是「水大」的變化；吃飯、排便、洗澡、漱口、刷牙、剃頭、剪指甲，是「地大」的變化；呼吸、換氣，是「風大」的變化；吃東西產生熱能，熱能化為力量、能源散發掉，是「火大」的變化。四大常常變換，所以，身體是暫時的，非永恆的。

「五蘊」是什麼？「五蘊」——色、受、想、行、識，同時包括了精神和物質、心理和生理這兩部分。

「色蘊」的「色」翻成英文，是「form」，不是「color」，它或是指有形狀的東西，可以看得到、摸得到、接觸得到，或是可以用耳朵聽到的，甚至無法以感官接觸到的微細物質，都稱為「色」。

其他四蘊：「受」是接受、感受的意思，感受是心理的作用；感受以後便「想」，想自己剛剛接收到的是什麼、是怎麼一回事；「行」是產生反應，該怎麼辦？

譬如，有人罵我：「師父，你胡說！」

我一聽到有人罵我胡說：首先，「聽到」就是「受」；其次，知道有人罵我就是「想」；接下來，我怎麼辦？我該怎麼反應？該答辯呢？或一笑置之？這種心理準備要反應的活動或心態便叫作「行」。

受、想、行加起來就是「識」，識包含兩種意思——一種是認識的「識」，是了解、分別、認知作用；另一種是指更深一層的精神作用。我們所有身心的種種反應，會變成一種「能」或一種「力」，儲藏在我們的「識」中，然後形成「因」；經過一段歷程後，在「緣」的促發下，就變成受「報」的結果出現。所以，這一生做了壞事到下一生還有果報，就是由於「識」是一種精神作用。

我們這一生的認知，到另一生已經不存在，只有一種「能」、一種「力」的作用存在著，這就叫「識」。所以，「五蘊」不但包括生命的肉體部分、心理部分、精神部分，也包括從此生到彼生的連結過程中的生命體的存在。

「我」，這一生的我、現在的我、這一念的我、下一念的我、一直到來生的我，都是由四大五蘊完成的。以四大為我、五蘊為我，都是有執著的我。因此，《心經》說「照見五蘊皆空，度一切苦厄」，以般若慧觀照五蘊皆空以後，才能得解脫、得自在。

2.功過果報的我

在世間，大多數人都希望人家讚歎、希望人家鼓勵；做好事希望留名，希望留芳百世、名垂千古、名揚四海。

目前，我出版了不少書，中文、日文、英文的都有。如果我希望寫更多更多的書，而能被翻譯成各國的文字，讓世界所有國家的人都認識我，認識「聖嚴」這個人，如果只是為了這個目的而寫書，我就是為了「我」，而不是為了眾生。

不過一般人存有這種心，也是正常的。鼓勵一個人使他做好事，表揚他使他做更多的善事，讓更多人見賢思齊也能受到表揚，也是很好的。所以任何一個團體或政府，對於優秀、成績好、貢獻多的人士要加以嘉獎。但是，如果受表揚的人只是為了受表揚而努力，那就有問題了。

又譬如，一九九一年我曾經接受好人好事的表揚。其實，對我來講，我並不是那個「好人」，「好事」也不是由我去做的，我只是認識了很多想做好事的好人，因緣具足之下，幫忙他們做了好事，成就了這些好人。如果只有我一個人，能成就的就很有限了，一切的事，都是由許多人共同完成的。只要這麼一想，自我就會淡化、減小。

爭功的人必定諉過，很多人為了爭功，喜歡把別人的功勞搶來據為己有，一旦有過失則把責任推給別人，上推、下諉，不是說上面交代得不妥當，就是下面的人做得不對，只有自己是無辜的。我們不要做爭功的人，應該把功勞給人。至於「過」是不是我的？如果沒有人承擔，是我的又有什麼關係？如果有人承擔，我也不需要硬把過錯攬在自己身上。

佛經中有這麼一個故事：曾經，有一個和尚傻乎乎的。一個少女未婚懷了孕，在情人的唆使下，跑到廟裡對和尚說：「和尚啊，我肚子裡的孩子是你的。」

和尚說：「噢，是真的嗎？」

少女說：「你忘了嗎？當然是你的！」

和尚說：「噢，好，好，那就是我的吧！」

後來，孩子出生了，少女就把孩子送去說：「這孩子是你的，你應該養他。」

和尚說：「好，好，那就給我吧。」

四周的人紛紛罵這和尚六根不淨。本來還有信徒供養他，如今沒有人願意再供養他，和尚變成了乞丐，卻仍抱著孩子四處要飯吃。

當孩子一天天長大，和尚便準備把他留下來當小和尚。

結果那位少女在和情人結婚後，夫妻兩人跑來找和尚說：「和尚，你知道這個孩子是誰的嗎？」

和尚說：「你們不是說是我的嗎？」

「不，這個孩子是我們的。」

「是你們的？那就帶回去吧！」

就這樣，孩子被抱回去了。大家都罵這個和尚：「你怎麼這麼傻呢？」

和尚說：「我是個和尚，沒有人要的小孩，當然是給我囉！既然有人要，那就抱回去囉！」

大多數人都只希望得好的果報，不希望得壞的果報。例如，很多人害了病就怨天尤人，說：「我這一生沒有做壞事，為什麼偏偏要我害病？那些做了壞事的人，為什麼他們不害這種病，而叫我來害這種病？」好像是老天不公平。從佛法的立場來看，一切的果報必定有原因，受報之時不必再問：「為什麼我得到這樣的果報？」重要的是，如何改善現在已經得到的果報。

已經得到的果報，應該無怨無尤地承擔，同時想辦法扭轉、改善既有的命運、環境。經由我們的努力改變既有的事實環境，這便是改變果報——從不好變成好，希望自己能夠更好；不過，這仍是有我的，是有我的執著。

很多人講：「你不要執著，你不要那麼自私啦！」不需要用這句話罵人，自私是正常的，自私而害人才是不正常。自私而不害人，自私而能使他人因他的自私而得福，不是很好嗎？

（三）假名的自我

1. 聞法者的假名我

《金剛經》的第一句即云：「如是我聞。」很多人問，佛法講「無我」，為什麼經典裡開頭第一句就是講「我」，是不是佛教也講「我」？「如是我聞」的「我」，指的是阿難尊者，是當下聽法、聞法的人。阿難尊者聽到佛陀說法之後，回想、複誦給以後的人聽，說：「當時，是我親自聽到釋迦牟尼佛這樣講的。」用以表示有證人證明這是事實，因為「當時我在那兒」，以「我」取信於後來的聽法者，因為「我是親自聽到的，請你相信我，我是這樣聽到的……」。

這個「我」是假名的我，代表聽法者。

2. 說法者的假名我

《金剛經》又云：「若以色見我，以音聲求我，是人行邪道，不能見如來。」這是《金剛經》中很有名的經句，它重複講著：「不要住於色聲香味觸法、不要住於色聲香味觸法……。」

有一些人認為佛有三十二種大人相，三十二種大人相即屬於「色」，是形狀、顏色的表現。《金剛經》講到，如果以三十二相來見如來，這個人是不是真的見到了如來？不一定。佛雖然有三十二種大人相，但是，除了佛以外，還有一種人也有三十二種大人相，那就是印度神話傳說中的「轉輪聖王」。傳說有一種統一天下而不用武力，雖有武力卻可以不用武力的理想社會，即為轉輪聖王的境界。

佛雖以聲音說法，但是如果用佛的形像或佛的語言，希望能見到佛的話，這個人是見不到如來的，這個人行的是邪道。這段經文中用的兩個「我」，都是假名我。佛陀在經典中常常自稱「我」，這個「我」不是凡夫執著的我，而是假名。因為，他如果不說我，對於說法的人來說，就沒有辦法呈現，沒有辦法表達了。凡是需要表達，尤其是用語言文字表達的時候，一定是有對象，有對象，即有你、我，所以會出現「我」字。但是，這個我，是假名我，並非真實我。也可以說，是色相的我，不是真實的我，是如來的「無我」之我，而不是我們的小我或大我的我。

《金剛經》又云：「若有人言，如來若來若去，若坐若臥，是人不解我所說義。」這也是說法者的假名我。經文的意思是：假如有人說，如來來了，如來去了，如來現在坐著，如來現在臥著，如果這樣講，那麼，一定不是真的見到如來，只是看到如來的色身、如來的肉身、如來的假相，而不是看到真實的、實相的如來。實相其實就是無相，實相無相，無相而無不相。雖然講「無相」，可是如來的法身、如來的身體遍於一切，處處皆在。

而現在，我聖嚴在這裡說法，是不是代表著如來在這裡說法？我不是如來，可是說的法、念的經是如來的法，那麼，如來究竟在哪裡？

既然如來的法是從我口裡說出來，如來的法的力量是從我的身上發出來的，那麼，有佛法之處就是如來所在之處；這並不是說，我的身體就是如來，不是的，而是我代表著如來在這裡說法。

諸位正在聽如來的法，跟如來究竟是相應還是不相應呢？假若你們認為：「我才不相信！」那麼，你們跟如來的法還不相應，如果能句句深入內心，那就是相應。現在聽法覺得不相應，並不表示你跟如來不相應，如來從來沒有離開過你，只是你此時並不承認自己和如來在一起。禪宗有一句話：「夜夜抱佛眠，天天共佛起。」很多人認為如來是供在廟裡的，也有很多人認為如來在西天，錯了！如來並沒有離開我們一寸一分。

我現在在講《金剛經》，我當然相信我跟如來是一樣的，你們也該相信自己跟如來無二無別。這就好像說，每一個人的如來都是在冬眠狀態，當春雷一響，許多冬眠中的眾生都將自渾沌中甦醒。所以，說法稱為「振法雷，擊法鼓」，就是要讓冬眠中的佛全都醒覺過來。所以，每個人本來都是如來，只是諸位不知道自己原來就是如來。

二、《金剛經》的自我昇華

（一）認識自我

1.不見五蘊空，即生一切苦。

《心經》觀五蘊皆空，是故云：「照見五蘊皆空，度一切苦厄。」「照見五蘊皆空」是說把身心、精神組合成的自我，看成一種不斷變化的過程現象，例如這幾年來，我的白眉毛從兩根變成四根，白頭髮愈來愈多……，既然在變、會變，那麼，這身體就不是真的，所以不必那樣地執著，也就不會把自己看得那樣認真，不會得到的捨不得丟，沒有得到的拚命追求。

既然我們的身、心都是一種臨時的結合，是因為時間、空間的存在而變化，一切都只是時間、空間不同而產生的變動。體認到這點，對自我就不會看得那麼重要了。

有人問我：「師父，既然我們的身體是空的，早一點死又有什麼關係？」這就錯了，空是不要執著它，但是還要用它。用它來做什麼？用它來受報、學佛，來行菩薩道。

2. 若住六塵，即不得滅度。

《金剛經》觀六塵皆空，是故云：「不應住色生心，不應住聲香味觸法生心。」六塵是什麼？是我們的六根——眼、耳、鼻、舌、身、意所面對的環境，六根對六塵而產生心理作用就叫作「六識」；如果只有六根，而沒有六塵，就不會有六識的現象發生。六識的活動是由於外界環境的影響，外界的環境一動，我們的心也跟著動。環境的好壞與否，都是由於六根接觸外界以後，經由自我判斷而產生的認識。因此，造業、作惡都跟六塵有關，行善、祈福、修福報還是需要六塵，譬如，諸位聽見、看到的人和事，我們需要改善它或幫助它，或希望從它那兒學習到什麼，或得到一些成果，在在都需要六塵。

《金剛經》告訴我們，面對環境，處理環境中的一切事，但是，不要把六塵當作永恆不變的東西，也就是說，不要執著六塵。譬如，你做了一件好事、行了一樣善，心中不要再想：「我做了好事，行了善。」做了好事而心中老是牽掛著，就不是真正的好事，而是「有漏」的福報、「有漏」的善意。

做了好事而心中總是牽掛著，就會產生兩種可能：第一，經常記掛著想回收，若不能回收，即產生怨恨、憤怒。第二，這一生不能回收，便想「就結個來生緣吧」；那麼，這一生不回收，來生也會回收，既然已回收了，「福」就沒有了，這種福是有限的。

因此，「不應住色生心，不應住聲香味觸法生心」，即是對我們的環境不要在乎，但是需要努力改善，此處所生的「心」，便是智慧心、慈悲心。以智慧心、慈悲心處理一切的事，幫助一切的人，便是「無住而生心」。「住而不住」是《金剛經》中非常重要的觀念。

3.《金剛經》以「信心」為我。

還未解脫的初發心菩薩們應該以「信」為基礎。如果信心不堅固，信心不建立，很可能今天努力，明天就不努力了；今天朝這個方向，明天改變另一個方向。因此，信心非常重要。

「有持戒修福者，於此（《金剛經》）章句，能生信心，以此為實，當知是人，不於一佛二佛三四五佛而種善根。」又云：「乃至一念生淨信者。」相信有持戒、有福德、有善根，但這些都還是我的異名。舉例來說，信心成就，還是屬於賢位的菩薩，不是得解脫的大菩薩。可是，賢位菩薩學佛，也必定是對《金剛經》所講的道理有信心。什麼人會對《金剛經》有信心呢？是持戒修福的人。

持戒有兩層意思：消極地持戒——害人的事、害眾生的事，不去做；積極地持戒——應該做的事而不去做，就是犯戒；能做而不去做，也是犯戒；可以學習去做，卻不肯學著去做，也算是犯戒。這就是菩薩道的觀念：有所為而有所不為。

菩薩道是積極的。很多學佛的人，不做壞事，但也只是做個持戒的好人，天天念經念佛，卻沒有積極地行善，請問，他們到底做了些什麼好事？也許，他們會說：「我念佛把功德迴向給大家，使大家得到福報。」但這未免太消極了，只管自己好好修行，不關心他人，不幫助社會，這種持戒，雖然也是持戒，卻只是消極地持戒，真正菩薩道的持戒應該是積極的。

很多人怕犯戒，所以不敢受戒。譬如，學佛的人應該持五戒，很多人卻因為害怕而不敢持五戒，怕一受戒又破了戒，就得下地獄；認為只要不受戒，便無戒可犯，大概可以不必下地獄。沒有這回事！「持戒、修福」是連在一起的。因此，經典中說五戒，又稱為五種大布施。持戒的本身，即是修行、學佛的行為。唯有持戒修福的人，也就是說，已經信仰佛法、修持菩薩道的人，對於《金剛經》才能夠信受奉行。

一尊佛出世，需要相當長久的時間。自從釋迦牟尼佛出世後，到現在還沒有另一尊佛出世，我們迄今還在等待之中。能夠聽到《金剛經》，而且相信《金剛經》中所說的，必定已在一尊佛、兩尊佛、三尊佛、四尊佛、五尊佛處聽說過佛法，種下善根……，也必定已經是個修行很久的人。

因此諸位若相信《金剛經》是真的，那麼諸位也是「不於一佛二佛三四五佛而種善根」的人了。相信後，則必須持戒、修福。

4.《金剛經》的自我提昇。

從有信心的自我，提昇至實相無相的自我，是故經云：「（須菩提言）我今得聞如是經典，信解受持，不足為難。」又云：「得聞是經，信心清淨，則生實相，當知是人，成就第一希有功德。世尊，是實相者，則是非相，是故如來說名實相。」

自我提昇的第一個階段是有我的，是以信心為我。相信《金剛經》的人，修持佛法、持戒念佛，都是有我的，以「我」來修持佛法，以「我」來信《金剛經》為真，進而提昇到《金剛經》所說的：「相信它、理解它、接受它，而且照著去做。」

又說：「有人聽到這部經之後，就能生起實相。」前面已經說過，實相就是無相，實相就是無一相不是佛。了解、相信實相的人，即成就了世間第一難得的功德，為什麼？因為實相即非實相。

「是實相者，則是非相，是故如來說名實相」，這是《金剛經》中的一段辯證法。實相是什麼？很難懂，但是，也很容易。

舉例來說，當你們看到我的手在動時，我的手是在「空」之間動，因為「空」的關係才看得到我的手在動。如果沒有空間，便看不到我的手在動了。實相就是空相，所有能動的一切相都在空中，而空是動的還是不動的呢？空是不動的。只有不動的、不變的，才能稱為實相，凡是能動的，都叫作「幻相」，也就是暫時的一種現象。

我們「執意為我」的這個「我」，是在時間與空間之中成長、活動、變幻的我，所以是「幻相」，是假我，不是真的我。

又例如，你們現在看到我脖子上是一條圍巾，我現在把它打一個結，圍巾變成一個結了，這個結是真的？還是假的？你們看到的是真的，但是，它不是一個結，它只是我玩的一個花樣而已，如果我把結打開，還有結嗎？

再舉例說，一個家庭的組成皆有夫婦兩人，這是真的還是假的？是真的。夫婦兩人是真的，可是結婚以前有沒有夫婦呢？沒有。臺灣現在的離婚率很高，離婚率逐漸上升，亦表示婚姻的如幻如化，變化莫測。

夫婦要白首偕老，愈老愈好，但是，從小夫婦變成老夫婦，究竟小夫婦是真的？還是老夫婦是真的？都是真的。都是一段一段時間的真，分段的真。段段都是真，但是沒有一段能夠保留不變，所以，任何一個段落都是一個臨時的變化現象，都非真。因此，實相是無相的。

「實相即是非相」，實相就是空相。空是不動的，但是，你說它不動，如果我的手在空中揮動，空的本身會因我的手動而受到影響，空本身沒有變，但是，空中可以有變化、有異動，因此，不要以為「實相」就是真正有一個不變的東西。

《金剛經》在這裡反覆說明。因為很多人認為實相是最高的，因此希望趕快成佛，趕快證涅槃。以為一旦成了佛，證了涅槃以後，就可以永遠擁有三十二相、八十種好，永遠受人膜拜、燒香、頂禮。不要這樣想！成佛以後是沒有定相的。成佛以後是究竟圓滿的，可以分身無量百千億，處處皆在，處處皆現，現種種相、種種身。觀世音菩薩是古佛再來，據說能現三十二種身，實際上是現無量身。釋迦牟尼佛據說有千百億化身，並不是這千百億化身全部是佛的樣子，而是現種種樣、種種身、種種身分、種種形象……，只要他對你產生用處，就是佛在你面前出現了。所以，不要認為實相就是什麼都沒有。

（二）化解自我

1.眾生的自我相，是由妄心，透過肉體的六根，執取外境的六塵而生，是故《金剛經》云：「不應住色生心，不應住聲香味觸法生心。」

眾生的自我相，首先是從身體，之後是從身體相關的環境，產生心理的反應，把身體以及和身體相關有利害得失的六塵都當作是「我」。

譬如，太太對先生來說，是「我的太太」；你們諸位對我而言，是「我的聽眾」。本來我只是小小的一個人，在國父紀念館演講時，你們諸位是「我的」聽眾，「我」就一下子變成三千多人，這三千多人，都是「我」；我在臺北市演講，臺北市所有的人都受到我的影響，也都變成我了。如果我這麼想，就是把環境的六塵變成我的執著，而成為「我」。

因此，《金剛經》教我們化解自我，不要把環境當成你自己，不要在乎環境是你所倚靠的，或你所付出的，所以說「不應住色生心，不應住聲香味觸法生心」，也就是《金剛經》反覆陳述的「應無所住而生其心」。面對所有人、所有情況、所有事，處理一切你能處理的，處理之後，不必再說：「這是我做的，他們因為我而得福，而得利了。」這就是「應無所住而生其心」。

能夠忘掉是最好的，人我都沒有負擔；如果不忘掉，就是沒有智慧心，把包袱背在自己身上，老是想著「這是我的成就、這是我的功勞、這是我的功德」，最後變成了自己的負擔。如果能將做過的事馬上放下，就是一身輕，時時保持自由之身，就是最有智慧的人。

2.眾生的自我相，是從主觀的身心與客觀的身心相對立而產生，是故《金剛經》一再提示：「無我相、無人相、無眾生相、無壽者相。」又云：「若樂小法者，著我見、人見、眾生見、壽者見，則於此經（《金剛經》），不能聽受讀誦，為人解說。」

這裡的「我」，前面已經大略講過，四個相「我相、人相、眾生相、壽者相」實際上指的是同一個東西，就是「我」，包括主觀的我和客觀的我、個人的我以及跟我相關的我。「我相」是單獨的個人，有個人的我、家庭中的我、社會中的我；

「人相」是和我相對的另一個人；「眾生相」是許多和我相對的其他人；「壽者相」是所有的眾生在時間過程中的活動現象，今天的你、我，明天的你、我，加起來就是「壽者」。具有這四種相，其實都是「我相」，如同前面說過的，小我、大我都叫作「我相」。

樂小法者，就是「小乘」的人，他們認為世間太混亂、太痛苦、太麻煩，而想離開世間；《金剛經》是大乘的菩薩法，稱為「大法」。樂小乘的人，心中仍有「眾生」存在，害怕所謂的「眾生」來麻煩他，以為世間最可怕的是「眾生」，眾生中最可怕的是「人」，人之中最可怕的是「自己」——因為自己有個身體，有身體則需要東西，需要的對象則來自於自己的親人，所謂「不是冤家不聚頭」，父母親眷亦難免痛苦爭執。小乘人執著於我相、人相，所以逃避世間，因此，不能聽聞《金剛經》而為別人複誦、解釋，也不願意讀誦、相信《金剛經》。

或許有人會認為做凡夫很簡單，只是一個人、一個家庭、一個小責任；成了佛，則要有千百億化身，本來只需管一個人、一件事，現在，則要管一切的人事，要「度盡一切眾生」，多麼辛苦。所以許多人一聽到要「度盡一切眾生」就不想學佛了。但是諸位不要以為自己沒事就可以了，事實上我們大家同在一條船上，彼此聲氣相通，息息相關。所以我們不但自己學佛，離苦得樂，也要發願度眾生。眾生的世界太苦了，所以，很多人不為自己而為社會，不為個人而為大眾，這就是菩薩心。

（三）提昇自我

1.提昇煩惱的自我為智慧的功能。

煩惱從哪裡來呢？來自於「自我」。很多人以為煩惱是別人給的，說社會不好、政府的制度不好、他人的問題太多，所以困擾我、打擊我，使我很苦惱。其實，天下本無事，煩惱是自己找的，如果能把自我中心放下，煩惱馬上就會不見了。

姑且不說能不能把自我中心放下，能放下小我，而擔起大我的時候，煩惱就會減少很多，個人的問題就不是問題了。如果天天為社會問題、國家大事、世界問題而操勞奔走，個人身體上的一點點小病痛，也就無暇理會，不成問題了。

其實，我天天在害病。演講的時候頭不痛，一下台，卻渾身都是病。為什麼？

因為講經的時候，沒有想到自己的問題，只想到要把經講好，讓人家聽懂。不擔心自己的時候，身體差一點根本不是問題。因此，我有一句共勉語：「勤勞健康最好。」並不需要健康得像一頭牛一樣，而是說，如果能夠勤勞的話，身心就會是健康的。縱然你可能仍在害病，但是對其他人來講，你的身心是健康的，不是病人。

總而言之，不自找煩惱，就是智慧。有煩惱的時候，不要把它當成困擾，就是沒有煩惱。

2. 轉變自私的自我為慈悲的作用。

自私是為自己、為個人、為小團體、小環境。慈悲是不為自己。「慈悲沒有敵人」，慈悲的人看不到敵人，只看到眾生需要幫助。對方有問題，但不是我的敵人，而是需要幫助的人，這就叫「慈悲」。而且慈悲是平等的，慈悲是沒有選擇的，不為自己的團體，不為自己的家人，當然，更不為自己個人，而是為整體、為全部。

有選擇的慈悲算不算慈悲？自己的兒子，給他兩塊糖，別人的兒子，只給他一塊，還認為：「我能給他一塊，已經算是不錯了！」這算不算慈悲？這不是平等的慈悲。真正的慈悲是平等的，因為無我、無一定的對象。

3.既是無我無相，故已不受世間現象的困擾，也就不必逃避世間現象的困擾。是故《金剛經》云：「無法相，亦無非法相。」

「無法相」，就是說對世間的一切現象不放在心上、不在乎它。「亦無非法相」，就是說世間所有的問題、所有的事、所有需要我幫助的人，我都得去做，這就是「非法相」。一切法還是在的，雖然它是假的、暫時的，但是要改善、要幫助的，還是要做，這就叫作「亦無非法相」。

我們對任何人做了好事，不要掛在心上，過去了，就已經過去了，這才是做好事。如果做完了，還在想「我已經做了好事，幫了誰的忙」，這就叫後患無窮。誰的後患呢？自己的後患。對方不回饋你，自己心中增加一重煩惱；回饋了你，可能會帶來另一種麻煩。

你幫了眾生的忙，不要想到你幫了眾生的忙。但是，眾生是有的，還要繼續幫助下去，並且更加積極地度眾生。很多人認為佛教是消極的，其實，佛教是最積極的，是積極中最積極的一種實相。

這是《金剛經》的觀點。所以又云：「所有一切眾生之類……我皆令入無餘涅槃而滅度之，如是滅度無量無數無邊眾生，實無眾生得滅度者。」這裡講的，仍是從有相到無相、從實相到不執著實相。所有一切眾生，我們都要用佛法來幫助他們，使他們都能得到解脫，都能夠成佛。但是，對我來講，沒有一個眾生是因為我而使他們成佛的，這就是沒有「我相」的意思，也就是「無相」；是「無法相，亦無非法相」，也就是「實相無相」的意思。

第三講　《金剛經》與淨化社會

任何一個時代所處的社會都不會是最好的社會，都不會是最好的時代。但是，人通常認為「世風日下，人心不古」，覺得現代的人、現代的社會是最壞的，古代的人、古代的社會是最好的。或者認為我們所處的環境是最壞的，我們環境之外的其他地方、其他國家會比我們更好，實際上這是個錯覺。以我個人來說，從小到現在，還沒有看過我們的社會是完好無缺的，但是，我卻充滿了希望。

我在中國大陸出生，然後到了臺灣，又去了日本，現在我有一半的時間是在美國、歐洲等地弘法，世界上最有名的都市我幾乎都去過。說臺北市很壞，但是我卻最喜歡臺北市；說上海市很糟糕，但是我很懷念上海，因為我在上海讀過書；有人說東京不好，但是我也非常喜歡它；有人說紐約是世界上最亂的城市，但是我在紐約卻覺得很平安。其實，我們身外的環境是沒有完好的，但如果我們的心、我們的觀念對它有不同的想法，這社會自然就可愛了。

古代人是不是比現代人更好？古代社會是不是比現代社會更好、更安寧？我們看到書中的記載，很多只是一種理想，或經過美化的，但現實之中的古代社會和現代社會應該是類似的。因為，凡有人的地方就會有人的問題，人愈多問題就愈複雜，也就是說，社會的關係愈錯綜複雜，問題也就愈層出不窮。

所以，我們談《金剛經》的社會環境以及《金剛經》與淨化社會，目的是希望推展《金剛經》的理念。

一、《金剛經》的社會環境

（一）自然環境：中印度舍衛國的祇樹給孤獨園

印度分為北印度、中印度、南印度，其中文明最高的是恆河流域的中印度。中印度的舍衛國是釋迦牟尼佛當時弘法的兩大都市之一，實際上舍衛國是個城邦。除了舍衛國之外，另外一個叫王舍城，這兩個城市是釋迦牟尼佛在世時首要弘法、說法之處。舍衛城外有個非常有名的精舍叫「祇樹給孤獨園」，王舍城外有個精舍叫

「竹林精舍」，這是當時最著名的兩大寺院。

祇樹給孤獨園是由給孤獨長者以金磚鋪地向祇陀太子購買而得的名園，園中樹木則為祇陀太子所捐獻。面積八十頃，距離市區不近不遠，地面平正，樹木茂盛，植有許多繁花，宛如一座公園。左右各有蓮池清流，而且是一個個的池，清流可以迴流其間，蜿蜒流於經行處、講堂、溫室、食堂、廚房、衛浴、儲倉、水井、醫療室等之間，這是水資源的應用和水資源的享受。最高的殿堂高達七層，遠近諸國的人民都非常喜歡到這裡來，供養以及懸掛各種莊嚴物飾，有幡、蓋，同時散香、燒香，燃燈長明，日日不絕。

在當時的印度，有這樣的設施是很不容易的，也可以說，佛教的道場，非常講究自然環境的陪襯以及自然環境的建設，不能缺少樹木、花卉和水資源的應用，以及各項生活所需的設施。

這是《金剛經》中所說的道場環境，因此佛教到了中國以後，中國所有的道場、寺院多半座落在山林裡。就算是在市區，道場本身也經常是清淨、整齊的，擁有很多花草樹木。如果寺院沒有這些東西，就會顯得非常枯燥，生活在其中也會感到非常厭煩。生活在寺院裡面，就好像生活在大自然中一樣，自己就好像是自然裡面的景物，是其中的天然景觀之一，所以歷代中國畫家的畫作，常出現出家人的形像以及寺院的圖像，這表示寺院的環境非常令人賞心悅目。

到現在為止，中國的寺院不管在市區或在山林中，應該都是衛生第一，是最整齊、清淨的環境。如果寺院在衛生檢查的時候不及格，這對佛教來說，是很丟臉的一件事。

中國蘇州有一個很有名的庭園叫留園，杭州有個西湖，裡面都不能缺少寺院的點綴，有了寺院點綴，就感覺這個地方飄飄欲仙，具有出塵、離世、超塵、脫俗的氣氛，這就是佛教對自然環境所具備的功能。也因為這個緣故，我們才會非常強調、非常努力地提倡環保的重要性和環保的工作。這是法鼓山正在努力的方向，我們配合現代人的需要，不只是都會地區，而是整個現代社會任何一個地區的人類，希望每一個人都把自己的地方當作一個道場來看。

做為一個佛教徒，自己所居住的地方就是道場，就是修行環境，所以應該要愛護你的自然環境，培育你的自然環境。如果環境既髒又亂，心還能保持安寧清淨，這恐怕是不容易辦到的。如果我們的心是寧靜清淨的，一定也能夠影響到環境，使它整齊清淨。

我不知道你們在家中吃過飯後，是不是碗筷都堆到洗碗槽中，等到第二餐要吃飯、煮菜前才洗？很多人現在都是這個樣子。有垃圾的時候，想趕快把它扔出去，例如，很多人開車的時候，吃了水果，果皮往外丟，擦了鼻涕的衛生紙，也趕快往車外丟。在新加坡，凡是丟垃圾，一律重罰；但在臺灣，很奇怪地，雖然也不准丟垃圾，不准丟果皮、紙屑，但是，我在路上行走，經常看到有人隨地吐痰或是隨手丟果皮、紙屑、垃圾，後面的人一踩，車子一擠，垃圾就黏附在地上了，可是卻沒有人管。

為什麼新加坡能做到，我們臺灣卻做不到？農禪寺做得到，為什麼其他的地方做不到？

有些人很奇怪，他們在參加「禪七」修行活動的時候，都能依照寺院的生活方式，隨時保持清淨、整潔。但當我去訪問他們的家庭時，卻到處亂七八糟。於是我問他們：「你不是打過禪七嗎？怎麼是這個樣子呢？」

他們就說：「師父啊，我現在又不是在禪七之中。」

禪七期間辛苦地訓練大家，要生活得非常整齊清淨。結果一個星期以後，大家以為這樣就修完了，所以在平常生活上沒有養成習慣。對這種狀況，我感到非常痛心，覺得我是白費氣力訓練了一個星期。

（二）社會環境的接觸層面

1.給孤獨長者贈地，祇陀太子獻樹。

所謂「社會」就是人和人的接觸、人和人的交往、人和人的聚集、人和人的共同社會。如果只有一個人，不能稱之為社會，如果只是和大家生活在一起，卻不配合整體的生活步調，不遵守大眾的生活規律，這個人是反社會的，不算是社會裡的一分子。

例如，生活在寺院中的人，必須遵照寺院的清規——即清淨的規律，一個社團一定有它組織的章程，有它運作的規律、規則，學生有學生守則，教師有教師守則，公務人員也有必須遵守的公務人員規則。所謂「不以規矩，不能成方圓」，如果沒有規矩，就會變成一批烏合之眾，烏合之眾會造成很多問題，幾乎什麼問題都可能發生，大的、小的，困擾個人、困擾團體、危害大眾的行為，都可能發生。

所以，社會的意思，並不僅僅是說幾個人生活在一起，而應該是，你生活在這個社會之中，就一定要遵守這個社會的規律，否則，你就是出軌的人。

任何一個社會、社團組織，一定有主有從，有主有賓，有上有下；可能互為賓主，互為上下，或許今天你是主、我是從，明天可能位置又互換了，但是無論怎麼變，一定有它的秩序、規律可循，這才是「社會」。

《金剛經》的社會是怎樣的呢？有一位名為給孤獨的長者，據說是當時舍衛國的一位宰相、大臣。他的身分即表明了他在社會中的地位，亦即表示他在社會中所應盡、應遵守的義務和規則；也就是說，一個人的地位，也代表了他相對的責任和規律。另外一位叫作祇陀太子，他是波斯匿王的長子，也就是當時舍衛國國王的長子，當他還是太子的時候，便對佛陀非常尊敬信仰。後來由於弟弟篡位，祇陀太子因為學了佛，於是就讓位給弟弟，並沒有當上國王。

給孤獨長者當時看中了祇陀太子私人的一座花園，認為這座花園供給佛陀以及弟子們修行、弘法是最好的，於是，找祇陀太子商量。

祇陀太子說：「這座園子我不賣，它是屬於我自己的花園。」

給孤獨長者說：「你要怎樣才肯賣呢？」

太子說：「除非你用金磚將花園的地面全部鋪滿，我才將地賣給你。」

沒想到給孤獨長者果然用金磚鋪滿地面，買下園地送給佛陀。太子非常感動，便說：「這樣子吧！地你已經買下，林木就由我來奉獻吧。」因此，這座精舍就叫「祇樹給孤獨園」，這裡面有兩層社會關係，一個是太子，一個是宰相。

2. 如來與大比丘眾一千二百五十人，為善男子、善女人說發無上菩提心法。

《金剛經》裡也呈現了兩種不同的社會，一種是出家的社會，包括一千二百五十個人，叫作「比丘」，比丘就是完成出家身分的人。佛陀的弟子有出家人和在家人，出家的弟子又分為五類，有比丘、比丘尼、沙彌、沙彌尼，以及式叉摩尼；也就是說，出家人的僧團分為五個層次，有男、有女，男的已經成年的，稱為比丘；女的已經成年的，稱為比丘尼；未成年、剛剛出家的，男的稱為沙彌，女的稱為沙彌尼；另外還有一類是結了婚的女性，不知道自己有沒有懷孕，所以出家以後並不馬上為她剃度，而給予一年的觀察時間，稱之為式叉摩尼。

出家團體中，每一類都有他們應該遵守的規則，稱為「戒律」，比丘有比丘戒，比丘尼有比丘尼戒，沙彌、沙彌尼也各有不同的戒，式叉摩尼也有他們的戒。「戒」的意思聽起來很冷酷、很呆板，但實際上那只是一種規則、一種軌範，你是什麼身分就需要遵守什麼樣的軌範、規律，照著去做，是你的義務，也是你的責任，這就是社會運作的方式。

善男子、善女人是已經學了佛、信了佛的在家弟子，許多已經皈依三寶，但是沒有出家的人，那就是在家佛教徒。事實上，佛教徒中在家居士占絕大部分，出家人只是其中的一小部分。所以，最主要的成員應該是在家人而不是出家人。很多人誤以為皈依佛門就是出家，常常有一些新聞媒體報導，將「某某明星皈依佛門了」，寫成「某某明星出家了」，這是錯的，出家和皈依是兩回事。皈依的意思就是回到三寶，依靠三寶的指導、幫助來修行菩薩道。譬如，諸位來聽《金剛經》，你們聽了《金剛經》以後，不管已經皈依或尚未皈依，假若認為《金剛經》裡有一、兩句話，或我所說的話中有一、兩句很有用，而接受了它，這算不算皈依？算，雖然沒有舉行儀式，但是你接受它，就算是了。你依靠它、接受它、認同它，叫作「皈」；認同、接受後，照著去做，就叫「依」，即依著這個方針去做。認同，且照著做，就是「皈依」。

許多人以為一做佛教徒，就必須出家，一出家彷彿就離開我們的世間，就好像本來這世界上還有一個人在生產，信了佛以後，世間、社會等於多了一項損失，這是絕對的錯誤。以我為例，我聖嚴出了家並沒有造成社會的損失，如果是損失，那麼我也不會有機會來這裡演講，也不會讓我來「引誘」大家離開這個社會，使我們的社會受到「損失」了。在家人學了佛以後，不是消極，而是更積極地把自己奉獻給社會。

善男子、善女人是已經發了「阿耨多羅三藐三菩提心」的人，也就是已經發了菩薩心的人。菩薩心即是捨己而為他，把自己放下，把大眾的利益擔起來，亦即「一肩挑起如來家業」，要度盡一切眾生，幫助一切眾生。這是真正的「提得起，放得下」——先放下自我、自私的利益，擔負起為眾生謀福利的責任和義務，這才算是善男子、善女人。千萬不要誤會善男子、善女人就是信了佛以後逃到山裡去，每天在那裡誦經、念佛。一些章回小說形容出家人「青磬紅魚了此殘生」，木魚是紅的，磬是青的，以為出家人就是一天到晚在敲木魚、敲磬，就這樣浪費了一生；「殘生」，就是剩下來的一點點生命就這樣虛耗了，為什麼這樣說？

原因有兩種：第一種，我們佛教徒的確有很多人是這樣子的，很多人一信佛就變成這個樣子。我現在還常常遇到一些人，我問他：「信不信佛？」

他說：「還早，我還有家庭、事業，等我退休之後，家裡的責任了了，社會的工作告一段落了，再來好好地學佛。」

這種想法是絕對錯誤的，我們要趕快學習佛法，用佛法的精神來貢獻自己、利益社會，這都唯恐不及了，怎麼還要等，難道要等到快進棺材了才來學佛？

因為這種誤解，所以才讓一般人以為所有信佛的人都是一味逃避現實。有這種誤解，是因為佛教缺乏人弘揚，教理缺乏人來闡明。

在佛陀的時代並不是這個樣子，那時善男子、善女人都是發菩薩心、發菩提心的人。諸位聽了《金剛經》的人都是善男子、善女人，以後是不是還要逃到深山裡去「青磬紅魚了此殘生」？請各位千萬不要這樣。

第二種原因是，中國社會的文化背景是儒家思想和道家思想。道家的思想的確有隱遁的觀念存在，因此把佛家和道家混在一起以後，很可能學了佛以後就真的「學道」去了，這種狀況直到現在都還是一樣。

我有個美國朋友，五年前到中國大陸訪問，調查大陸是不是還有一些在山裡用功的修行人，他訪問了許多名山，有的是道教名山，有的是佛教名山。他離開大陸以後的第一站先到了臺灣，告訴我：「看起來，佛教還是比較落實，比較喜歡和人接觸，道家的人比較不容易。」因為他在大陸深山中遇到一些碩果僅存的道士，每當他要去訪問的時候，那些道士都跑得更遠、更深。明明已經看到那些道士就在眼前，可是當他一跑過去，卻已經不見人影，為什麼？因為這些道士已經不接近人間，而且早已不食人間煙火，所以，到了道士所住的深山，他只能餓肚子，因為沒有東西吃。但是到了和尚住的山裡，那些和尚雖然都已經很老了，但是都非常親切、非常歡迎他，把平常吃的東西都拿出來給他吃，而且很願意主動地接觸、親近這位美國人。

從這一點來看，道家比較隱世、遁世，以隱遁為清高，但佛教並非如此。在佛教，入山只是一個過程，像我個人曾在山裡孤獨住了六年，一邊修行，一邊還寫了幾本書，文章仍在許多地方發表，就是懷著「不得已」的心，覺得佛教、佛法這麼好，怎麼知道的人那麼少，得趕快告訴人家！能夠講佛法而讓人聽得懂的人不多，許多人講的時候自己並不懂，只是念經給別人聽，結果對方也沒聽懂，只覺得：「喔，了不起！喔，好高喔！喔，好深喔！喔，真妙喔！喔，真玄喔！」講得這麼高深，好像代表他的學問好。但是我盡量讓自己變成沒有學問的人，說普通人聽得懂的話，最好連中學生也能聽懂。

實際上佛經並不難懂，只是因為語言的隔閡、名詞的隔閡，所以不容易懂。

但是這些語言、名詞在當時的印度其實是非常通行的，是一種通俗文學，不是古典文學。

3.為樂小法者，初、二、三、四果的聖者說大乘菩薩法。

小法，就是小乘的佛法，也就是自了漢，自私自利，具有隱遁、逃避現實思想的人。為什麼稱它為「小乘」？小乘就好像是腳踏車，只能單槍匹馬，只容許單獨一個人騎著一輛車子到某個地方去。大乘則好比是火車、飛機或大輪船，能夠乘載很多人，共同從一個地方到另外一個地方去，所以稱為「大乘」。因此，小乘自利的成分多，自利的人也算不錯，至少不再害人，只可惜不能發長遠心幫助其他的人。

樂小法的人，一共有四個層次，也都是聖人，為初果「須陀洹」、二果「斯陀含」、三果「阿那含」、四果「阿羅漢」。在《金剛經》的法會上，釋迦牟尼佛把這些修小乘法的聖者通通請來，為他們說菩薩法，要他們發菩薩心，發成佛的心。

可見得《金剛經》的社會中，有凡夫、聖人，凡夫中有出家人和在家人。聖人中包括四種小乘的聖人，這四種小乘的聖人，亦包括出家人和在家人；初、二、三果可能是在家人，也可能是出家人；到了第四果，則一定是出家人。《金剛經》的聽眾就包括那麼多不同層次的分子。

4. 如來善護念諸菩薩，善付囑諸菩薩。

菩薩是誰？就是已經發願成佛的人。在這些發願成佛的人之中，有「信位」的菩薩，有「無住位」的菩薩，亦即有凡夫位和聖位兩種等級的菩薩。

前面已經說了，有凡夫位的比丘、比丘尼和在家居士；也有小乘的在家眾和出家眾；此處所說的諸菩薩是指「聖位的菩薩」，是已經實證無住、無相、無我的菩薩。

由此可以看出，《金剛經》中的社會群眾層次非常完整，社群分子也非常整齊，都是學佛人。我相信今天在座的聽眾，也有很多的大菩薩在這裡。但是聖位的菩薩不會告訴別人自己是聖者，因為如果展現聖人的身分，凡夫通常會產生兩種反應：一種是盲目崇拜，一種是畏懼，不敢接近、不敢接觸，這樣一來便無法廣度眾生了。真正聖位的菩薩，絕對不會表現自己是聖人，如此才能夠跟所有的人接觸。

我叫「聖嚴」，這個名字不是因為我是聖人，而是到了我這一代，凡是我師父的徒弟，法號上全部都有個「聖」字，目的是鼓勵我們要往聖人的方向努力。

這點我要再說明強調，因為一個普通的人，才能夠深入基層，到任何地方，人家都不會介意，也不會顧慮，因此很容易與人接觸。所以，聖位菩薩在娑婆世界一定都現凡夫相。例如，觀世音菩薩和地藏王菩薩都有無數化身，這些化身都不是聖人相，而是凡夫相。他們以凡夫相與凡夫生活在一起，這才是真正的「聖」。所以，佛教非常民主，它的法師、老師雖然在倫理上有層次，但是在生活、觀念以及權利、義務上卻是平等的，不但沒有特權，反而要求的標準更高。

曾經，明代禪宗的紫柏大師，在擔任潭柘寺方丈的時候，因為肚子餓了，一時忘了寺院中的規矩，人家拿一碗飯給他吃，他就吃了。吃了以後，他想：「不對呀，我怎麼先吃了？」

等到大家吃飯的時間，他還是到了。但是到了以後，他叫侍者拿了根扁擔來，說：「今天有人破戒需要處罰，要打三十扁擔。」

很多人面面相覷，不知道今天誰要挨扁擔了。結果，紫柏大師自己跑出去跟侍者說：「要重重地打，你打輕了，你自己就得挨三十扁擔。」又說：「我今天糊塗，偷吃了大家的飯，犯戒了，所以要挨三十扁擔。」

從這一點可知，佛教是非常民主，非常平等，而且非常平凡的。修證愈高的人就愈能放低身段。這點我還在學習，有時候我還會覺得自己是個師父，這很慚愧，應該想到佛菩薩才是大家的師父，我不是，我只是個普通人。所以，我不是聖人，只是個凡夫。

5. 菩薩道要從惡劣的環境中成就

是故《金剛經》云：「如我（釋迦因地）昔為歌利王割截身體，我於爾時，無我相、無人相、無眾生相、無壽者相，何以故？我於往昔節節支解時，若有我相、人相、眾生相、壽者相，應生瞋恨。」

釋迦牟尼佛未成佛以前的過去世，叫作「因地」。這段經文的意思是，做為一個菩薩，應該難忍，能忍；難捨，能捨。只要對眾生有益，自己受多少苦難，都不會抗拒，也不會介意。

這個故事發生在無量劫以前，當時釋迦牟尼佛尚未成佛，而是一位修道人。有一次，歌利王帶著一群宮女出巡，當歌利王在山裡打獵之時，宮女們便四處冶遊。她們見到一位修道人在那裡，有些的宮女就圍著這個修道人，請問他種種修行的方法、道理。等到歌利王狩獵回來，發現宮女不見了，便四處尋找。當這位暴虐非凡的國王看見宮女正圍著修道人談話的時候，非常憤怒，說：「你這和尚，怎麼誘拐我的宮女！」

修道人說：「我是持戒的人，不會誘拐她們，她們是來向我請法的。」

宮女們嚇得一句話都不敢說，也不敢替修道人辯駁。

暴怒的國王說：「我聽人家說，修道的人不怕死。你是不是真正修道的人，我倒要試一試。如果你是真正的修道人，我就饒了我的宮女，如果不是，你就得死，宮女們也都得死。」

釋迦牟尼佛，也就是當時的這位修行者，為了要救宮女，便說：「大王您要怎樣都可以。」

大王說：「我要將你身上的肉一塊一塊割下來，看看你能不能忍受。如果能忍受，就證明你是一個修道人，否則，你就不是。」

就這樣，他身上的肉一塊、一塊地被割下，手、腳一隻一隻被割下，器官一樣樣地割開。當他被節節肢解時，不僅能夠忍受，更沒有一點瞋恨心，而以純粹的慈悲心作觀、看待歌利王，覺得歌利王很可憐，這些宮女們也很可憐。結果，證明了他確實是修道的人，宮女們也因此而獲救了。

這個故事我們可以把它當成一則寓言，說明了修行菩薩道的人，為了他人、為了眾生的利益，可以接受一切苦難的磨鍊，而不生瞋恨心。

修行的過程有順、有逆。順的時候，有人供給飲食、提供環境，成就你修行。譬如，這次我要講經，就有很多人來幫助我，這就是順。

逆，就是要做任何事，還沒有開始，就已經碰到有人扯後腿，遇到很多打擊。那麼，好事還要不要做呢？要做，不能灰心、不能退心，雖然受種種折磨、種種打擊，但信心不要改變，方針不要改變，就算是現在無法弘揚佛法，還是要暗暗地用種種方式，將佛法傳遞給別人。

過去，在國外不容易弘揚佛法，但是卻很流行氣功，許多氣功師都拿《金剛經》、《六祖壇經》來講，說：「《金剛經》和《六祖壇經》是氣功的最高原則。」他們講的是「氣功」，不是在傳教，但是好多人就是因為學了氣功，而懂得佛法。

我在美國，遇到好多外國人，我納悶地說：「你們是怎麼學佛的？」他們告訴我：「學氣功。」因為學氣功，氣功老師將佛法間接傳授給他們。

逆境之中也有很多人在努力於他們的理念、理想，從菩薩的立場來講，對好的環境應該非常感謝，對壞的環境一樣也很感謝。所以，對於我們現在的社會環境，我是充滿希望的，而且永不失望。環境好，我覺得：「太好了！太好了！」環境不好，我覺得：「正是時候！我們要努力。」這就是佛法的精神，就是《金剛經》的精神。

二、《金剛經》的社會建設

（一）祇陀太子的事蹟

祇陀太子是憍薩羅國波斯匿王的王子，舍衛城也就是憍薩羅國的首都。除了《金剛經》中提到祇陀太子，在其他經典中也記載有他的事蹟。

1.《增一阿含經》卷三云其「供奉聖眾，意恆平等」，意思是說，祇陀太子供養許多聖人，但心中很平等。這裡的「平等」有兩層意思：一種是求法的平等，一種是布施的平等。求法平等是把任何人都當成聖人看，雖然有些人學問不是非常好，行為也不一定符合標準，但是只要他們還有幾樣值得我們學習，說出來的話還有幾句值得讓我們去做、去發揚光大，都是值得恭敬的人，這就是以平等心求道。

也不會因為對方是個小沙彌，或是個老和尚就差別對待，認為老和尚一定能說非常好的法，小沙彌剛出家懂什麼。其實，這很可能是錯的，有一些老人家等到頭髮、鬍子都白了才來出家，一出家，就是個老和尚，這個老和尚一定德高望重嗎？而小沙彌，說不定很小就出家了，雖然還沒滿二十歲，卻已出家十來年，對佛法懂得非常多，難道能因為年紀小就看不起他了嗎？沙彌之中也有證得阿羅漢果的，因此，不能看不起年輕人。

一個人如果以外在論斷他人，看不起衣服破舊的人、看不起沒有錢的人、看不起地位低的人，以勢利眼看人，這很糟糕，經常會上當、看錯人。

早年，我在臺灣出家後不久，在善導寺講經，經常看到一個老人家來聽我講經，穿得破破爛爛、長得乾乾癟癟。我覺得他滿可憐的，因為我曾經在街頭看到他就像個乞丐的模樣。但是我當時並不輕視他，講完經後還特地去和他寒暄一下。

後來，我去日本留學，當我出國的時候，草木皆兵，臺灣所有的出家人、在家人沒有一個人贊成我出國留學，連我師父都反對，因為他們怕我出國留學後會還俗。那時我三十九歲，已經不小了，他們還是怕我還俗。

我不怪他們，只怪自己：「大概長得一副風流樣吧！否則，為什麼懷疑我到了日本就會還俗？該檢討的是我自己。」我就告訴自己：「好，我就不還俗給你們看。」我非常感謝他們，這是幫助我的逆增上緣，是成就我的逆境。

再回頭說一說那位老人家。由於沒有人支持我去日本留學，所以我非常窮，經濟上很拮据，但是當我一到日本，就有人轉了一筆錢給我，於是我打聽這個錢是誰給的。

人家說：「是某某居士的，是你的忠實護法，是你的聽眾。」

我想不起這個人到底是誰，便請他寄張照片給我看一看。

後來，他沒有寄照片給我。回臺灣後，有人告訴我：「聖嚴法師，你知道某某居士經常支援你嗎？」

我說：「知道啊！」

他說：「你知道是誰嗎？」

我說：「某某居士啊！」

他說：「你看過沒有？」

我說：「沒有。」

他說：「他今天就在這裡，就在門口。你看，就是他啊！」

他一講，那個人就跪下來向我禮拜，原來在支援我、供養我的，就是那位穿得破破爛爛、長得乾乾癟癟的老人家。

因此，我們對人要平等。祇陀太子以平等心對上，也以平等心對下。對人布施的時候，不管是親、疏、厚、薄，只要是需要幫助，一旦他知道了，便以他的能力恰如其分地給予幫助。不管對象是誰，一律給予幫助，這就是平等。

這雖然很難，但是我們還是要學習！當時還好我學習了一點平等，如果沒有平等心，或許連這點供養也沒有了。為什麼？如果我看不起他，沒有和他打招呼，或許連這個居士也不會供養我了。

2.《賢愚經》：「乞諸佛及諸弟子眾教化。」意思是指祇陀太子求一切佛以及一切佛的弟子來教化眾生，也就是代眾生求法、為眾生向諸佛求法、為眾生向諸佛的弟子求法。

譬如說，沒有人請我講經，我大概不會去。請我講經的人，不一定是他一個人聽，而是很多人一起聽，這就是「請佛的弟子求教化」，祇陀太子就是如此。

3.《增一阿含經》卷二十六：「不堪任殺害眾生之命。」指祇陀太子是個非常慈悲的人。

一般我們都知道，好人不應該殺，一般無辜、無罪的人，不應該殺。但是對作奸犯科，常常殺人、搶劫、危害社會的人，該怎麼辦？我們現在有死刑，站在佛法的立場該怎麼看待？我主張，當我們社會的教育功能發揮到相當程度的時候，便應該廢除死刑。

死刑是不慈悲的。可是，如果現在立刻廢止死刑，那也不切實際，因為時機沒有成熟。根據統計，現在的美國，一個犯人一年平均要用掉納稅人的五萬美金，相當於一般中等階層的年收入，這很驚人，所以有人覺得關在牢裡要花那麼多錢，乾脆把他們處死不是很簡單嗎？可是，罪不該死就處死，是不仁慈的。

所以，希望宗教徒們，大家能共同努力，致力於我們的社會教育、社會感化。政府也應該加強道德的教育、人格的教育。透過政府與民間共同努力，一起來改善我們的社會，給予更多的教化。

一九九二年十月，我訪問一個剛剛脫離共產政權的東歐國家——捷克，聽說當地已經廢止了死刑，我就問：「犯罪問題會不會很嚴重？」

他們說：「不會。」因為捷克的宗教信仰和道德教化根深柢固，雖然經過三、四十年唯物論政府的統治，但是一般人民對於基督教和天主教的信心仍然很強；還有，他們的文化水準相當高，教育也相當普及完整，所以犯罪率很低，晚上沒有鎖門，也不會有人來給你大搬家。

在臺灣，如果我們下一番工夫加以努力，也可以做到像祇陀太子那樣，就可以不必執行死刑了。不過，我並不是主張馬上廢止死刑，但是我們要努力，這是每個人的責任。

（二）給孤獨長者的事蹟

給孤獨長者本名須達多，意思為「善施」、「善與」、「善給」，是印度舍衛城的長者，波斯匿王的大臣。長者，並不一定指年紀大，而是因為很有道德、人品高尚，關懷社會、關懷大眾而受人尊敬。須達多長者性情非常仁慈，常常布施鰥寡孤獨之人，給予這些沒有依靠、沒有生活能力的人飲食、衣服，所以當時的人稱他為 Anāthapiṇḍada，意譯為「給孤獨食」，就是「給孤獨的人食物吃」。給孤獨長者皈依釋迦牟尼佛後，便受了三皈五戒，成為清淨的信士，後來證得三果阿那含果。

實際上他是一位標準的大乘菩薩。以自己的財富來利益社會，以自己的技能來利益社會，這才是真正的長者。社會上許多人都在沽名釣譽，在地方上不是成為長者，而是成為土霸、土豪、劣紳；但是他們的形象卻是個長者，要人家奉承他、恭敬他，自己卻魚肉鄉民，並未真正造福鄉里，這是土霸，不是長者。

長者與土霸本身其實並沒有什麼不同，只是一念之間而已，土霸只要念頭一轉，即變成長者。土霸如果變成長者，會發揮很大的力量，因為他說一句話，許多人都會聽他的。他講一句有益地方社會的話，大家照著去做，則造福社會人群。有時候只是一句話而已，根本不需要自己拿出錢財，一念之間，便產生「一言興邦，一言亡國」的力量。如果哪個地方有土霸的話，請你趕快幫助他，使他也變成長者。所謂「浪子回頭金不換」，壞人受到感化也會變成一個大好人。

站在佛法的立場，我們對任何人都不失望，雖然他今天做了那麼大的壞事，但是，我們還是相信只要他心念一轉，就會變成做好事的大好人。或許有人覺得這些理念陳義太高，但是我們不可以因為理念太高就放棄它，還是要一點一點地朝著這個理念的方向走。

（三）人間社會的互動關係

人間社會的互動關係，建立於「施者」及「受者」的交替，淨化社會必須從這兩個方向成我利他。

1. 常人的施捨是有我的、有為的。

「有為的」意思就是說是有目的的，施捨是為了完成自己的某種心願，是為了「我」而如此。譬如，有人做了好事，目的是希望得一張大獎狀，這是有我的、有為的，但是，這樣做好事也值得鼓勵，至少是在做好事，沒有做壞事。

可是，我們學了佛、聽了《金剛經》的人，一定要做好事，一定要做對社會有益的事，但是，卻不一定希望得到任何表揚或獎狀。如果沒有表揚就不做好事，那就不是佛教徒；如果表揚了他而沒有表揚你，你就不做了，那也不是佛教徒。佛教徒在任何一個環境、社會之中，不是為了讓別人看到、讓別人表揚、讓別人歌頌讚歎才行善做好事，而是做我們自己應該做的事。別人讚歎、表揚或歌頌，那是別人的事，我們自己不是為了祈求這些東西。

2. 菩薩的布施是三輪體空的無施者、無受施者、無被施物。

布施不一定是用錢財、財產來布施。布施有很多種，有財布施、法布施；也可以說有物質的財、智慧的財，知識、技能都是財，舉手之勞也是一種布施，甚至說一句好話勉勵人、讚歎人，都是一種布施。所以，布施不一定要有很多的財產，但是，有財產的人應該要以財布施。

「三輪體空」就是說，做了布施的事以後，不要想到自己是布施的人，誰受了我的布施，而我又布施了什麼東西，做過的好事要馬上放下。忘掉的意思，就是「不在乎」，不要老是念念不忘自己究竟做了多少好事。

3.常人的受恩是順意的、正面的。

也就是說，一般人感受到的布施，是人家給予正面的幫助，才覺得是「我受到誰的恩」。但是，菩薩的受恩是順、逆兩種，尤其是逆境的磨鍊，更需要感恩。

4.菩薩的受恩是逆境的、忍辱的。

什麼是逆境的磨鍊？就是我們想做的事別人不讓我們做。像我前面提到的，我要去日本留學的時候，幾乎成了過街老鼠，人人喊打，這實在悲哀，而我自己也真覺得慚愧。可是，一直到現在我都很感謝他們，尤其那時破壞我最大的人，我最感謝他。這是因為我讀了《金剛經》的關係，不是我自己有了不起的修行。因此，當諸位聽了《金剛經》以後也要學習這一點，不要有一點不如意，馬上就發牢騷；有一點點被人批評，馬上就反目相向，以口還口、以牙還牙，這不是佛教徒，更不是菩薩。

5.《金剛經》特別強調布施行及忍辱行。

不只是受布施的人要忍辱，布施的人也要忍辱。有時候你布施給人，行好事不受好報，這個時候該不該做？做了很多好事，沒有人讚歎你，反而受到批評，這個時候你還要不要再做好事？要！這表示你做得還不夠，應該繼續多做一點。

（四）以布施行與忍辱行建設人間、關懷社會

1.不住相布施

不住相布施，也就是前面提過的「三輪體空」。《金剛經》云：「菩薩應如是布施，不住於（色、聲、香、味、觸、法）相，何以故？若菩薩不住相布施，其福德不可思量。」又云：「何以故？是諸眾生，若心取相，則為著我、人、眾生、壽者……若取非法相，即著我、人、眾生、壽者。是故不應取法，不應取非法。」這

才是最積極而無條件地建設人間、關懷社會。

這段經文的意思是說，布施了以後，不要以為你布施了；可是也不要以為你布施了以後等於沒有布施，所以就不布施了。需要布施的時候，對需要布施的人，你還是應該布施，這叫作「不應取法，不應取非法」。

布施之後，認為有布施，就是「取法」；認為反正沒有布施，也不需要布施，那就變成「取非法」了。「不應取法，不應取非法」，這樣我們才能永遠無怨無尤、不後悔，而能不斷積極無條件地致力於人間的建設，關懷我們的社會。

2.菩薩道以六波羅蜜為根本

六度就是布施、持戒、忍辱、精進、禪定、智慧等六項，《金剛經》除了強調布施波羅蜜，其次僅論及持戒及忍辱波羅蜜，但如果以智慧行此三項，便代表了六度的全部，是故有云：「如來說第一波羅蜜，即非第一波羅蜜……須菩提，忍辱波羅蜜，如來說非忍辱波羅蜜。」又云：「又念過去於五百世，作忍辱仙人，於爾所世，無我相、無人相、無眾生相、無壽者相。是故……菩薩應離一切相，發阿耨多羅三藐三菩提心。」

《金剛經》本身就是「般若波羅蜜」，就是「智慧」。而《金剛經》特別強調持戒，也特別強調布施，因為布施、持戒、忍辱三項若能完成，就是菩薩道對人、對社會的積極關懷。

為什麼不強調禪定？因為禪定是自己的工夫，跟他人並不相關。可是如果沒有禪定的工夫，沒有定力，會很容易因為人家的批評或讚歎而動搖。因此，禪定雖然沒有特別強調，卻是應該努力的。對於社會、人間而言，最重要的是布施、持戒、忍辱，並且是用智慧來指導我們如何布施、如何持戒、如何忍辱。這是為了什麼？為了建設我們的人間，關懷我們的社會。

《金剛經》實際上非常慈悲，很少人發現它正是為了人間、為了社會而講的。雖然以行六度來利益社會，但是心裡不要執著、在乎。過去釋迦牟尼佛能做忍辱仙人（即被歌利王節節肢解的仙人），那時是因為沒有「相」的關係，也就是沒有自我中心，所以能夠發阿耨多羅三藐三菩提心。而且，不會因此而退心。

許多人遇到順緣的時候能夠發心；遇到逆境的時候，馬上退心。例如前幾天有位居士到農禪寺來，一年前他為母親的癌症發願供養，到今天他母親的癌症還沒有好，他就跟我講：「師父，供養農禪寺沒有用，我母親的病非但沒有好，反而愈來愈重。」

我說：「你的意思是說，你要把供養的拿回去？」

接著我告訴他：「人各有各的前因後果。你供養布施，是為母親種福，你母親當時已病得非常嚴重，現在還活著，已經不錯了。如果你供養一點，就希望母親能痊癒。那麼，所有得癌症的人都到農禪寺，一供養就好，農禪寺不就變成了『治癌中心』？」

「所以，你為了母親或為了自己，做好事不應該退心，應該繼續做下去，不要因為母親身體的好與不好而有所改變，這才是正確的觀念。」

三、《金剛經》以法布施的心靈環保來淨化社會

《金剛經》中指出，若人以像恆河沙那麼多世界的七寶來布施，所得的福德雖多，仍不及「於此經中，乃至受持四句偈等，為他人說，而此福德，勝前福德」。意思是說，我們用種種財物來關懷社會、幫助社會，還不如用《金剛經》的觀念、思想來幫助人，這才更重要。

用財物來幫助人，用完、吃完就沒有了，問題仍然存在。如果用觀念來幫助

人，改變他的心理情況，自然而然因為內心的轉變，生活環境、生活條件也就能跟著改善，那才是比較究竟的作法。

因此，用法布施較之於用財物布施功德更大。所以，今天我在這裡講《金剛經》可以說是有功德的，但是，如果我執著有功德，那反而就是沒有功德。諸位聽了《金剛經》，領受了一、兩句，如果拿這一、兩句話的道理來告訴人、幫助人，這功德大不大？大！但願諸位都是佛的使者、佛的弟子，把佛法傳布給所有一切需要佛法的人。

第四講　《金剛經》與福慧自在

所謂「自在」，就是無拘無束，不受任何阻礙；自由自在是人人夢寐以求的事，可是，真要享有自在還真不是一件容易的事。

三十多年前，我在山中修行。那時候我跟一位老法師說：「我現在被關起來，一點也不自在。」

老法師回我一封信說：「誰得自在了？」他說，他也是不自在的。他的意思是說，無論如何，我們的身體畢竟很小，生存的環境也非常有限，要從我們身體得自在已經不容易，要在環境裡得自在，那就更不容易，但是他也回了我一句話：「心得自在，就是真自在。」

當時，我見到老法師給我的這一句勉勵後，突然覺得我在山裡的關房無限廣大，而我自己是世界上最幸運、最有福報的人；因為我有「自己能處理自己」的自由，我能把自己關起來，這就是很難得的自在。想把自己關起來就能關起來，這也是我的自在。還有，我在山裡能夠不受世間許多麻煩事的干擾，因為我不看報紙、不聽收音機，世間的很多事都跟我沒關係；因為對世間的事不知道，所以我覺得自己從世間得到自在。

因此我又寫一封信給老法師，說我很自在，把這些想法和感受都報告老法師。老法師就寫信罵我：「你這種自在，等於是說，把自己的耳朵塞起來，不聽外面的聲音，就以為外面沒有聲音，這不是自在。真正的自在是受人家吵，被人家鬧，而自己心中不受影響，這才是真自在。」

事實上，老法師講的話，佛經裡面處處都這麼說，只是我沒有注意到。因此我學會了在任何情況下都自由自在，那才是真正的工夫、真正的享受。

曾經有一位禪師說過：「生死自主，來去自由。」這聽起來非常誘人——生死可以自主，而來去可以自在、自由。但是許多人誤解了這句話的意思，所謂生死自主並不是說，有人要殺你的時候，你可以不被殺，遇到災難的時候，你可以避免一切危險。而是說，你很清楚你是怎麼死的，死的時候一點也沒有怨恨、恐懼，清清楚楚、明明白白地曉得時候到了，知道我在這個社會上應該死了，所以死得非常自在，這才是自主，並不是說能夠避免所有一切困難。

這位禪師曾經因為政治上受到牽連，而被關在牢裡很多年，最後死在牢中，這在佛教中稱為「教難」，可是他還是講「來去自由」。如果我們想像中的來去自由是一種神通，那麼，他大可以不必被關在牢裡；即使被關在牢裡，應該也可以隨時運用神通離開牢房，就是我們所稱的「飛行自在」，有人以為這才是「來去自由」。其實不是，禪師的意思是說，來，是我要來，不是被動的；去，是我要去，不是被動的。業力要我來，我就來了，這不是我自己要來的嗎？業力和因緣要我去，我就去了，這不是自主的嗎？還有，自己正在困惑之中，不以為困惑，這叫作能夠安於困惑、安於困難。如果在這個情況下，心還能非常地安定，這也叫作自在，叫作自由。

所以佛法中講的自由自在，是從內心做工夫，並不一定要求外境能如我們所想的那樣如意。可是佛經也並不是說，我們可以沒有理想、安於現狀、不求進步、什麼事情都不必做，反正任何時候都是自在的。佛教還是重視積極努力，改善社會環境。

一、福報與智慧是一體的兩面

首先探討福報和智慧的定義：

（一）福報的定義是：過去種福現在有福，現在種福未來有福

所謂「種瓜得瓜，種豆得豆」就是因果的觀念。事實上，種瓜未必會得瓜，種豆未必一定得豆，為什麼？因為如果那顆瓜子本身都沒有成熟，種下去以後，不施肥，不澆水，不給它陽光，那麼這顆瓜子即使種下去，也不會得瓜。

但是，不種瓜是不是有瓜可得？當然沒有！種瓜尚且不一定得瓜，不種瓜怎麼可能有瓜可得？因此，我們必須但問耕耘，不問收穫。培福就如同耕種，是非常需要的，福的內涵又分成以下幾種：

1. 惜福、培福、種福、關懷社會、利益人群，是真有福。

很多人認為，享福的人是有福的，所以看到別人住的房子好、坐的汽車好、穿的衣服好、社會地位高，便說他有福。其實這只是在享福，未必真的有福。每一個

人在過去生和這一生中，所種的福是有限的，如果把福報享盡了，就會成為一個沒有福的人，所以有福的人要惜福，不要把福報享盡，而且要保存它，增長它。

今天的社會，很多人都不知道惜福，衣服並沒有舊到不能穿就不穿了；飲食並不是講求營養，而是希望吃到更貴的東西。這都是不惜福，惜福的人是不論生活在任何環境情況下，都會警惕自己，知道自己的福報有限，不要一下子享完。

我在美國剛剛開始開闢道場的時候非常窮，沒有房子，租來的房子裡什麼也沒有，真的是家徒四壁，連碗筷鍋盤都沒有。但是美國這個地方很可愛，很多家庭會把多餘不用的東西丟掉，但這些東西多半都是完好的，只是樣式舊了些，甚至有些根本就是全新的，因此，我和弟子們就在馬路邊撿這些東西。

我們窮得甚至連吃的東西也沒有，所以，每天晚上十點以後，我們就上街到菜攤子旁、麵包店裡去撿當天賣不掉，準備成為垃圾的東西，我們帶回來煮一煮、烤一烤，就是一頓豐盛的美食。

當時，我們吃的是「垃圾」，用的是「垃圾」，當然，我們就住在「垃圾」裡面。可是我和我的弟子們都過得非常愉快，而且我們撿的時候很歡喜，帶回來的時候很歡喜，吃的時候也很歡喜。

我當時對弟子們講了兩句話：「冬天凍不死就好，平常餓不死就好。」我們以這兩句話做為生活的原則，就這樣一天一天地過下來。

曾經有一位美國人來，看到我們生活的狀況，就問我：「法師，你這樣辛苦在美國做什麼？你沒有地方去了嗎？」

我說：「我要去的地方就是美國，而我也到了美國。」

他說：「你到美國來做什麼？」

我說：「我到美國就是來過這樣的生活啊！」

我以這樣的方式生活下來，也因此感化了許多美國人，跟我一起生活，跟我一起學佛。我在物質上過得非常窮，但心理、精神上卻非常富裕，這就是惜福。不過當時根本稱不上惜福，因為根本沒有福可享，而是我必須要在貧窮的情況下，也能生活得很愉快。

孔子的弟子顏回「一簞食，一瓢飲，在陋巷」，當時，我想我住的地方可能比顏回還好，所以也感覺到很高興、很愉快，畢竟我的福報還比顏回大一點。

今天不論是在美國或臺灣，我們道場的環境漸漸好了起來，經濟條件也漸漸好轉，但是我們還是不可以浪費。我常常跟農禪寺的徒眾這樣講：「我們可以吃好的、用好的，但是有一個原則，一定要便宜。既便宜又能好，那才是最好的。」便宜的不見得就好，還是要講求品質，但是絕對不能是昂貴的東西。

其次，我們要「培福」。培福就是福報不夠多，所以要繼續培養福報。如何培養呢？就是用「布施」來培養福報。

然後是「種福」——沒有福的人要種福，福報不夠的人要培福。《金剛經》中多次談到布施的重要，包括持戒、忍辱，這都是培福、種福的條件和方法。

該如何培福呢？最重要的就是關懷社會、利益人群。至於關懷自己的兒女，關懷自己的太太、自己的丈夫、自己的父母，算不算培福？算！因為佛教講的「福田」——即種福、培福的田地，也包括自己的眷屬、親友在內，當然一切眾生、國家社會，以及師僧三寶都包括在內。因此，支持宗教事業、護持宗教事業、推動宗教事業，是培福；孝養父母、栽培子女、關懷國家社會、盡義務、盡責任，是培福；對於一切眾生給予安和樂利，也是培福。所以種福的範圍包括一切人，親疏不論、厚薄不分，只要有人需要，我們就要去做。

不過，我們都是凡夫，種福培福還是要從我們周遭的人做起。有一些人聽到法師說供養三寶是最上的福田，結果把兒女的教育費、零用錢扣下來供養三寶。請問諸位，這樣做對不對？如果真的這樣做，可能會引起兒女對佛教的排斥和反感，反而害了佛教，不是真的種福。

如果小孩子本來愛吃零食，叫他少吃一點零食，把買零食的錢省下，捐給需要的人，同時告訴他說，種福、供養三寶、救濟貧窮，是非常好的一件事，以此培養小孩對三寶的恭敬心和對人類的同情心、愛心，這樣才不會有反效果。所以，種福也需要有智慧，否則會招致對佛教的破壞和毀謗。

前面我們講到《金剛經》裡有一位長者叫作「給孤獨」，是一位非常有錢的人，他把財產供養三寶、救濟貧窮，對於鰥寡孤獨、無依無靠，以及貧苦急難的人給予救濟，這才是真正有福報的人。

把自己和自己家庭的福報和許多人共同分享，等於是把自己的福報儲存在銀行裡，也就是我們所說的儲存到「無盡藏」。假如你只有一百塊錢，但是你說：「我沒有特定的對象，這一百塊錢，誰需要它，我就給誰，幫他一點忙。」用這種心態布施的功德，就叫作「無盡的功德」，就是「無盡藏」，為什麼？因為沒有特定的對象，一切的人、所有的人都是他布施的對象，雖然只有一百塊，也許幫助了一個人，但是功德卻是無窮無盡的。像這樣沒有一定對象地幫助度化眾生，這就是無盡的功德，也就是在度無量的眾生。

2.守財、享受、弄權、揮霍無度、損人利己，乃是無福。有錢捨不得用，也不知道怎麼用，是「守財奴」。守財奴的享受就是今天看一看帳戶裡有多少錢，明天看一看倉庫裡有多少財物，只知欣賞自己的財富，甚至對自己的兒女、對家裡的人都很吝嗇。賺了錢卻不懂得善用財富，只知道一直累積在那裡，這是沒有福報的人。

曾經有一位富翁告訴我一段話，很有意思，也很有哲理——

他說：「法師，你知道我們有錢的人，有的是什麼？」

我說：「有的是錢啊！」

他說：「不是，我告訴你，我們有的是零。」

我說：「什麼意思？」

他說：「財產增加時，表示又增加了一位數，就是多了一個圈圈，也就是一個零。財產減少時，是少了一位數，也就是少了一個零。增加時，增加一個零，減少時，減少一個零。」然後，他又說：「有錢的人，多半他自己是沒有錢的，都是在公司裡用錢，我身上沒有錢，所以，有錢的人是沒有錢的。」

我說：「那有錢有什麼意思？」

他說：「可以玩零字遊戲，這太有意思了。」

我說：「既然知道是零，那你就應該好好做好事。」

他說：「是，但是往往身不由己、心不由己。錢是我的，可是我要用它時，卻不簡單，不是我要用錢就可以用得到。所以，法師，我很羨慕你，沒有錢，正好。」

可能很多有錢的人也有這種感受，有錢，要能受你支配，如果不能支配，這些錢等於不是你的。

不過，也有很多有錢人非常節省。我認識一位有錢的居士，他非常節省，有一次我看到他早上起來泡紅茶加生薑片，還特別關照他太太：「泡完的生薑要用保鮮膜包起來，還可以吃。」

我問他：「你怎麼連這一點點生薑也吝嗇？」

他說：「法師，我不是吝嗇。錢不是我的，是大家賺的，是員工以及和公司相關的所有客戶共同賺的。我的錢不能隨便亂用，如果隨便亂用，就對不起他們。我把錢省下來，因此到現在我才有能力來護持三寶、供養法師，請你來替我做好事。」

另外還有一個人，他不是億萬富翁，但至少是千萬以上的富翁了，有一次他來寺裡，我問他：「今天你怎麼來的？」

他說：「坐公車來的。」

我說：「你的車子怎麼了？」

他說：「今天為了到寺裡來，所以我把開車的汽油錢省下來，買一籃水果來供佛。」

我就說：「那乾脆把車子賣掉，從此以後天天坐公車就好了。」

他說：「法師，你錯了，平常我要趕路、趕時間，今天是我的休假日，我沒有事，反正是到寺裡來，遲到一點、早到一點都沒有關係，我不趕時間。還有，平時如果我不搭汽車去開會的話，有時候人家還不讓我進門哩！」

這位居士的想法和作法，使我很感動。

和財富一樣能夠發揮影響他人功能的，便是權力。有權的人登高一呼就能萬山相應，一個人講一句話就能使千萬人得到利益，這是種福。

俗話說「人在公門好行善」，很多清官兩袖清風，沒有錢，但是能夠做好事，能夠爭取到好的方案，對我們的國家、社會人民有益，即使個人兩袖清風，卻能積累無量的功德。

相反地，權力也可以害人，就像刀一樣，刀能殺人，也能救人；醫生用刀是救人，屠夫用刀是殺人、殺牲。所以，弄權是損福的事，損人利已，是最沒有福的人。許多人眼前的福來自於損人而利己，表面上看起來好像自己占了便宜，得到好處，實際上，自己的損失更大。這是從因果觀念來看，從社會互通有無的觀點來看。

3. 福報當與品德相應。

《金剛經》中「福德」二字連用者達十八次，單用「福」字者八次。「福」一定要有「德」，有福而沒有德，不是真福。德就是道德、品德的意思，福德即是功德，也就是《金剛經》中所強調的布施、忍辱、持戒三大項目。

布施之中以法布施的功德最大，持戒和忍辱也都跟布施相關，持五戒又叫作「五大施」，是五種大布施，忍辱是為了利他，是菩薩行，實際上也與布施相通。

俗話說「給他魚吃，不如教他捕魚」，也就是教對方學會打魚、結網的技術。因為別人給的魚，是會吃完的，吃完就沒有了。如果教會他結網的技術、打魚的工夫，他便永遠有魚可吃，永遠可以生活下去。

法布施所指的「法」就是觀念、知識或用來生活的方法，也就是修行的觀念和修行的方法。所謂「修行」，大家不要把它想像得太抽象、太玄妙。修行，就是修理、修正或修改我們「身、口、意」三種行為。換句話說，身體的行為、心理的行為和語言的行為，以佛法的觀念和標準做為依據來修正、修改、修理，就叫作修行。因此，我們在任何時間都可以修行，並不一定是打坐、念經、敲木魚才算修行。

譬如說，你一不小心粗言粗語罵了人，心裡馬上想到：「我剛剛聽了《金剛經》，我怎麼罵人？」這就是修行，因為你能馬上警覺到自己出言不遜，警覺自己口德不良要改過，這就是修行。所以，任何人在任何時間，都可以修行。

（二）智慧的定義是：當做的事要恰到好處地去做，當說的話要適如其分地說

1.世俗的智慧

世俗的智慧指世間的種種知識、學問、觀念、技術、慎思明辨，以及我們突然間心靈福至的發現。

2. 出世的智慧

出世的智慧，是小乘的智慧，是自了、自解脫。洞察一切現象，無非因緣生滅、因果流轉，實證一切現象無非無常、苦、空，所以厭離一切現象。

雖然說造了因一定會有果，所以有人希望透過努力得到好結果，而且得到結果以後，還更加一層努力，希望有更好的結果在後面。可是，世間種種現象生生滅滅，是無常的，既然是無常，所以不真實；也因為是無常，所以會帶來許多苦惱、煩惱。

不但生命是無常，所有權、利、名、位、勢，也都是無常的。權利名位勢等雖然有用，但是難以永遠保存，所以會令人產生苦惱。例如，富貴容易，貧窮難，貧窮的人一旦富貴之後，若再轉為貧窮，他就受不了了，甚至要自殺了。

人間所有一切的環境，不管多麼美滿，都不可能永遠存在——花不可能永遠盛開，人不可能年年十八歲，一切事都有悲歡離合，這就是世間的無常。如果知道「空」，就能夠放得下，離開世間的一切現象，進入涅槃境界，不再來這世間。但也因為小乘佛教徒是厭世的，所以佛教常常被人認為是消極、逃避現實的，指的就是小乘的思想。

3. 佛菩薩的智慧

如《維摩經．菩薩品》云：「教化眾生而起於空，不捨有為法而起無相，示現受生而起無作。」《金剛經》中則提到「滅度一切眾生已，而無有一眾生實滅度者」，度盡一切眾生，卻不覺得自己度了眾生，就是「教化眾生而起於空」。

「不捨有為法而起無相」——「有為」的意思是有作為、有期望、有努力，有因、有果，一切都有。這句話的意思是，在現世中對所有的現象和一般人完全一樣，身為在家人也需要娶妻生子、成家立業，為個人的功成名就、社會的富強康樂努力。但是，跟一般人不同的是，雖然做了這麼多事，還能以「無相」來看待，了然一切現象都是空相，都是虛妄相。

「示現受生而起無作」——小乘人厭離世間，唯恐世間許多問題困擾他，所以想趕快離開，名為「出離生死」。可是，菩薩和我們凡夫相同，在生死苦海之中，也有出生，也有死亡，也會生病，但是他知道雖然生命有這樣的起起滅滅，不過都如水中的泡沫浮影一般，幻起幻滅，不必去執著，也不必要驚慌，只是如實地面對和接受，這就是菩薩的境界。

4.《金剛經》即是無上的智慧經

《金剛經》的全名是《金剛般若波羅蜜經》，意思為：用金剛一樣的無上智慧，斷除一切世間法及一切出世間法的執著，所以能夠超越凡夫的生死苦海，也超越小乘的寂滅境界。

「金剛」的意思就是「無上」，也就是沒有比金剛更珍貴、更堅強有力的東西，所以稱佛教的智慧為「金剛」。「般若」指的是佛菩薩的智慧，小乘的智慧不能稱為「般若」，只能稱為「慧」。

「超越生死苦海」有兩層意思：一是小乘的超越，那是離開生死、厭離生死，而不再生、不再死，從此進入涅槃。可是，大乘所謂的超越生死是「在生死之中，不受生死的困擾所影響」，一切菩薩或諸佛，他們現種種身，和眾生一起在生死苦海之中，一樣有死有生；但是，眾生是來受報，而菩薩是在度眾生。

有人恭維我說：「法師，你是聖人再來，乘願再來。」其實我在生死之中受了許多的苦，至少我仍感覺到有苦，所以我不是大菩薩，但是我相信自己正在學菩薩行，是以凡夫身學菩薩行，像我這樣子的人都可以學，那麼任何人都應該可以學。

而且，雖然自己有苦難、感覺到苦難，但不妨體會那些超越生死的菩薩們，為了救度眾生的苦，而不畏艱難，他們所受的苦難比我們更多，卻能夠不以為苦，身心自在，我們為什麼不學他們？

二、《金剛經》的福慧雙修

（一）修福當與修慧配合

福與慧就像車子的兩個輪子，或鳥的一雙翅膀，福慧一定要並行。如果只是種福而缺乏智慧，他所修的福很可能對社會無益，所以修福一定要有智慧來指導。修慧的人如果不修福報，就等於「錦衣夜行」——穿著一身高貴漂亮的衣服在黑夜裡行走；而且如果有智慧，卻不把自己的智慧拿來利益他人，便是孤芳自賞，這樣的智慧等於沒有智慧。所以，佛教重視的是福慧雙修。

請問諸位：讀誦經典究竟是修福還是修慧？是修慧。那麼，聽經是修福還是修慧？是福慧雙修。

諸位來聽經就好像是你們自己是來接收、取得的，可是換個角度想就完全不一樣了，如果想：「我來聽經，是來成就聖嚴法師行菩薩道，希望他早日成佛。」或是：「國父紀念館偌大一個地方，如果我都不去，大概沒有人會去聽了，聖嚴法師大概就沒有機會了。」所以，諸位來聽經是既修福且修慧，但看你們的觀念如何想了；當然，如果只是為了成就我而來，那就太高傲、太驕慢了。至於對我個人而言，在這個地方講經，既是在修福，也是在修慧，所以是福慧雙修。

所以，做任何事都可能是福慧雙修，但看心態如何、用心怎樣。

1.《金剛經》云：「有持戒修福者，於此（《金剛經》）章句，能生信心，以此為實。」

持戒修福的人，一定要聽《金剛經》，一定要接受《金剛經》的開示。持戒，只得人天福報；修福，也只得人天福報，這都是非常有限的。如果你們聽過《金剛經》，而有「平等布施，不以選擇來布施」的觀念，就算只有一塊錢，你的布施也可得無量功德。

2.《金剛經》云：「菩薩應如是布施，不住於相。」又云：「菩薩於法，應無所住，行於布施。」

菩薩於六度之中，第一應該要修布施，而且布施最容易做，有錢、無錢，有能、無能，人人都可以學布施行，人人都可以行菩薩道。但是，修了布施行之後不要住於相。這個「相」，就是「我相、人相、眾生相、壽者相」，以及「色、聲、香、味、觸、法」相，也就是六塵相和人我相。「住」的意思，就是在乎，「不住」就是做了布施以後，不要在乎、不要放在心上。

有人說：「做了布施以後，我還記得，怎麼辦？」

沒有關係，記得並不等於在乎。在乎的意思是，經常掛念著：「我已經做了這麼多好事，我應該得到回饋。」或者：「我做了好事，沒有回應，我很在乎。」有這種念頭，就是「在乎」，就是「住相」。

「菩薩於法，應無所住」中所說的「法」，是指修行的方法、修行的道理、修行的觀念、修行的道路。「法」的另一層意思就是一切現象，包括心理現象、生理現象、社會現象、自然現象……，總而言之，一切現象都叫作「法」。這句話是再度提醒修行菩薩道的人，做布施心裡應該不要在乎。

3.《金剛經》云：「又念過去於五百世，作忍辱仙人，於爾所世，無我相、無人相、無眾生相、無壽者相。」

前面說過忍辱仙人的故事，忍辱仙人因為誤會而觸怒了歌利王，身體被一節一節地砍下來，一塊一塊地割下來，但他心中不起瞋恨心、怨恨心，為了要度眾生，因此以慈悲心接受這樣的凌虐。而且還能以慈悲心來看待那個惡王，以慈悲心來照顧那些宮女，這就是智慧，就是無相。凡事不以「我」為出發點，我個人沒有關係，沒有問題，只要眾生得利益就好，這就是「無我相」。

4.《金剛經》云：「須菩提！菩薩應離一切相，發阿耨多羅三藐三菩提心。」離什麼相呢？主要離的是「我相、人相、眾生相、壽者相」，這四個相實際上就是主觀的我和客觀的你、他，以及許多的人；還有你、我、他等許多人在時間過程中的活動。唯有不執著於時間相和空間相，能夠從中得到解脫，才能夠「發阿耨多羅三藐三菩提心」；也就是說，發阿耨多羅三藐三菩提心，發願要成佛的人，必須先離一切相。

（二）修慧是從修福中表現

智慧是從修福中來表現，如果你不是修福報而表現智慧，那是賣弄才華、賣弄小聰明。不需要你講話，你卻滔滔不絕；不需要你的學問，你卻賣弄學問；不需要你表現你有多高明，你卻刻意表現高明，這是智慧嗎？不是！是愚蠢。為什麼說「大智若愚」呢？因為真正有智慧的人，他不輕易講話，不需要他講話的場合，他不會講；非要他講的時候，也只是三言兩語講完，不拖泥帶水，不會刻意賣弄求表現。

1.《金剛經》云：「應無所住而生其心。」又云：「應生無所住心，若心有住，則為非住，是故佛說菩薩心，不應住色布施。」

中國禪宗有一位偉大的禪師六祖惠能，他就是聽到有人誦念《金剛經》，當聽到「應無所住而生其心」這一句話時，當下便立即開悟了。

「應無所住而生其心」就是不要執著，但還是要用你的智慧去幫助別人，做你應該做的事。所以這裡所說的「而生其心」，生的是慈悲和智慧兩種心。

「無住」，就是不要執著、不要在乎，但是，仍然要用智慧心來表現慈悲心，這就是「修福」。所以，智慧一定要從修福報中來表現。

2.《金剛經》云：「若菩薩心住於法而行布施，如人入闇，則無所見；若菩薩心不住法而行布施，如人有目，日光明照，見種種色。」

這段話是在強調智慧的功能。心住於法，那是有執著，沒有智慧，也就是沒有「般若」。沒有智慧而行布施，雖然做了很多好事，但因為是「有相布施」，便會在乎能否回收。譬如有一次，一位居士給了我一個大紅包，然後跪下來求我說：「師父，當你生西天的時候，不要忘了我。」他等於是拿一個紅包希望買一張到極樂世界的船票，這是「金牛」的行為。

我告訴他：「我生西方的時候，你要跟我一起去嗎？但是到那時，我沒有身體，也沒有手、沒有頭，什麼也沒有，我就這麼去了，你怎麼跟呢？」

他說：「那我也沒有頭、沒有手、沒有身體，也跟著去呀！」

我說：「當你也沒有頭、沒有手、沒有身體，哪個地方不是淨土？哪個地方不是佛國？你還跟我去做什麼？」

他這樣的布施是「住相布施」，是有相、有為，希望我生西天的時候也拉他一把。有這種心還算是好的，念頭還算是善的，想生西天總比要下地獄來得好。求生西方是一件好事，不過，以《金剛經》的觀點來說，做任何好事，應該都是「為布施而布施」，布施後不求回饋、不為任何目的，這才是無盡的布施、無量的功德，也才是智慧的布施。

曾經有一位居士和我談過話以後，我幫了他一點小忙，臨走的時候，他翻遍全身上下每一個口袋，最後說：「師父，我今天忘了帶錢。」

我說：「我又不是律師，不需要鐘點費或談話費。跟你談幾句話，是我這個和尚應該做的。你跟我談過話以後，一定要給我錢才能走得了嗎？」

他的意思好像是，跟我談過話一定要給我一筆錢，否則便欠我一份人情債，不知道什麼時候才能還。其實，任何人的債都不能欠，只有出家人的人情債可以欠，如果對方向你要債，你可以念《金剛經》給他聽。

以智慧心來行菩薩道、修智慧行，等於是在光天化日下，一切東西都清清楚楚，不會迷惑，也不會迷亂。有相布施便是有所執著，有執著便有煩惱，等於是在黑闇之中；無相布施才是有智慧的，有智慧便沒煩惱，等於從煩惱中得解脫。

3.《金剛經》云：「菩薩所作福德，不應貪著。」

菩薩做了福德，不應該貪著有福德、有功德。貪著於自己的福德，不是菩薩，是凡夫。

三、依智慧修福德才能無礙自在

（一）戒定慧三無漏學

戒、定、慧三無漏學，以慧為中心，若無智慧，即不知空義，雖持戒、修福、習禪成定，仍不出人天果報，有了與空相應的智慧，始成無漏解脫。

戒、定、慧又叫作「三無漏學」，無漏，就是得解脫的意思。如何持戒而得解脫？如何修定而得解脫？必須要和智慧相應。如果持戒而沒有智慧，修定而沒有智慧，來生還是在人間，最多生到天上，雖然生到天界，但天人有他的壽命，福德也有多寡的不同，仍有天福享盡的一天。天的層次相當多，有欲界、色界、無色界。欲界天是享受五欲的快樂，色界天享受禪定的快樂，無色界天則住於空定，在定中相當長的時間，不受任何煩惱困擾，沒有任何心理意識的活動，但是當定力退失的時候，還是會回到生死之中，還是會受到種種苦惱的逼迫。

因此，持戒、修福、習定，一定要有智慧的指導，那才是佛法，否則還是和佛法不相應。很多人受了菩薩戒，便以為自己是菩薩了，其實受了戒而沒有《金剛經》所說空的智慧，仍不能出三界，根本不算是菩薩。諸位很有福報，不管有沒有受戒，聽了《金剛經》，接受它、認同它，便是有智慧的人。

（二）行布施而不住相

行布施而不住相，即是菩薩道；離智慧而行布施，即落有為相，即成束縛行。也就是說，沒有智慧而修一切布施，只能享福而已，不能得自在。有福，不一定就得自在，有人說：「有錢能使鬼推磨。」其實有錢也不一定能夠通鬼通神。所以，有福的人不一定得自在，只有智慧才能讓人得到真正的自在。

（三）法布施功德最大

是故《金剛經》云：「若人滿三千大千世界七寶，以用布施，是人……甚多。」「若有善男子、善女人，以七寶滿爾所恆河沙數三千大千世界，以用布施，得福……甚多。」

這兩段是一種比較，第一個人用三千大千世界中的所有七寶來布施，第二個人則是用像恆河的沙子那麼多的三千大千世界的七寶來布施，福報較之於第一個人，當然更多了。可是「若有善男子、善女人，初日分以恆河沙等身布施，中日分復以恆河沙等身布施，後日分亦以恆河沙等身布施，如是無量百千萬億劫以身布施。若復有人，聞此經典，信心不逆，其福勝彼；何況書寫、受持、讀誦、為人解說」。這是進一步表示，所有布施中，法布施功德最大，也就是以開啟智慧的《金剛般若波羅蜜經》來布施給人，比用七寶，乃至於用自己的生命布施，功德更大。

這段經文的內容很簡單，就是說用無量無數的七寶來布施給人，功德當然很大；用無量無數的生命來布施給人，功德更大；可是如果有人聽了《金剛經》以後，深信不疑，這個功德比前面的功德都要更大，更何況聽了以後，還能夠寫經讓別人觀看，還能照著其中的道理去做，還能一次一次溫習《金剛經》的開示，讓自己與《金剛經》的經義合而為一，同時，還能夠把《金剛經》解釋給別人聽，那功德更大！

諸位聽了四個晚上的《金剛經》，你們的功德比什麼都大，但如果執著有功德，便是有問題的，因為《金剛經》又說「是福德即非福德性」，意思是說，如果真以為有福德的話，這是有限的福德，不以為有福德，才是無限的，為什麼？因為如果認為有福德，你會想要回收，你會希望享受它、接受它。如果你認為沒有福德，根本沒有準備要回收，你的功德反而是永恆、無限的，所以是最大功德。

因此，我講了四天的《金剛經》，對我而言，也等於沒有講。雖然等於沒有講，但不是白講，諸位確實是聽到了，聽到以後，應該書寫、受持、讀誦，還要為人解說。

現在的印刷技術已經很進步，我們可以去印刷經典，可是如果大家看不懂，也等於浪費，很可惜。所以，經雖然要印，但是有需要才印，沒有需要就不必印太多。

還有，通俗的佛教書籍，人人能夠看得懂，人人能夠接受它，應該多印，用來接引更多人，這也是我們要鼓勵的。

《金剛經》講座講到這裡為止。《金剛經》在佛教之中，是最高的理論，最高的哲學、哲理，它並不是講故事那一類的經典，所以我歸納了四個主題，希望讓大家比較容易理解《金剛經》。像我這樣的講法，是很大膽的嘗試，希望對大家有幫助。

最後祝福大家福慧自在！

提得起放得下，年年吉祥如意；

用智慧種福田，日日都是好日。

附錄

《金剛般若波羅蜜經》

姚秦．三藏法師鳩摩羅什譯

法會因由分第一

如是我聞。一時佛在舍衛國。祇樹給孤獨園。與大比丘眾。千二百五十人俱。爾時世尊。食時。著衣持鉢。入舍衛大城乞食。於其城中。次第乞已。還至本處。飯食訖。收衣鉢。洗足已。敷座而坐。

善現啟請分第二

時。長老須菩提。在大眾中。即從座起。偏袒右肩。右膝著地。合掌恭敬。而白佛言。希有世尊。如來善護念諸菩薩。善付囑諸菩薩。世尊。善男子善女人。發阿耨多羅三藐三菩提心。云何應住。云何降伏其心。佛言。善哉善哉。須菩提。如汝所說。如來善護念諸菩薩。善付囑諸菩薩。汝今諦聽。當為汝說。善男子善女人。發阿耨多羅三藐三菩提心。應如是住。如是降伏其心。唯然。世尊。願樂欲聞。

大乘正宗分第三

佛告須菩提。諸菩薩摩訶薩。應如是降伏其心。所有一切眾生之類。若卵生。若胎生。若濕生。若化生。若有色。若無色。若有想。若無想。若非有想非無想。我皆令入無餘涅槃而滅度之。如是滅度無量無數無邊眾生。實無眾生得滅度者。何以故。須菩提。若菩薩有我相。人相。眾生相。壽者相。即非菩薩。

妙行無住分第四

復次。須菩提。菩薩於法。應無所住。行於布施。所謂不住色布施。不住聲香味觸法布施。須菩提。菩薩應如是布施。不住於相。何以故。若菩薩不住相布施。其福德不可思量。須菩提。於意云何。東方虛空。可思量不。不也。世尊。須菩提。南西北方。四維上下虛空。可思量不。不也。世尊。須菩提。菩薩無住相布施。福德亦復如是。不可思量。須菩提。菩薩但應如所教住。

如理實見分第五

須菩提。於意云何。可以身相見如來不。不也。世尊。不可以身相得見如來。何以故。如來所說身相。即非身相。佛告須菩提。凡所有相。皆是虛妄。若見諸相非相。則見如來。

正信希有分第六

須菩提白佛言。世尊。頗有眾生。得聞如是言說章句。生實信不。佛告須菩提。莫作是說。如來滅後。後五百歲。有持戒修福者。於此章句。能生信心。以此為實。當知是人。不於一佛二佛三四五佛而種善根。已於無量千萬佛所。種諸善根。聞是章句。乃至一念生淨信者。須菩提。如來悉知悉見。是諸眾生。得如是無量福德。何以故。是諸眾生。無復我相。人相。眾生相。壽者相。無法相。亦無非法相。何以故。是諸眾生。若心取相。則為著我人眾生壽者。若取法相。即著我人眾生壽者。何以故。若取非法相。即著我人眾生壽者。是故不應取法。不應取非法。以是義故。如來常說。汝等比丘。知我說法。如筏喻者。法尚應捨。何況非法。

無得無說分第七

須菩提。於意云何。如來得阿耨多羅三藐三菩提耶。如來有所說法耶。須菩提言。如我解佛所說義。無有定法名阿耨多羅三藐三菩提。亦無有定法如來可說。何以故。如來所說法。皆不可取。不可說。非法。非非法。所以者何。一切賢聖。皆以無為法。而有差別。

依法出生分第八

須菩提。於意云何。若人滿三千大千世界七寶。以用布施。是人所得福德。寧為多不。須菩提言。甚多。世尊。何以故。是福德即非福德性。是故如來說福德多。若復有人。於此經中受持。乃至四句偈等。為他人說。其福勝彼。何以故。須菩提。一切諸佛。及諸佛阿耨多羅三藐三菩提法。皆從此經出。須菩提。所謂佛法者。即非佛法。

一相無相分第九

須菩提。於意云何。須陀洹能作是念。我得須陀洹果不。須菩提言。不也。世尊。何以故。須陀洹名為入流。而無所入。不入色聲香味觸法。是名須陀洹。須菩提。於意云何。斯陀含能作是念。我得斯陀含果不。須菩提言。不也。世尊。何以故。斯陀含名一往來。而實無往來。是名斯陀含。須菩提。於意云何。阿那含能作是念。我得阿那含果不。須菩提言。不也。世尊。何以故。阿那含名為不來。而實無不來。是故名阿那含。須菩提。於意云何。阿羅漢能作是念。我得阿羅漢道不。須菩提言。不也。世尊。何以故。實無有法。名阿羅漢。世尊。若阿羅漢作是念。我得阿羅漢道。即為著我人眾生壽者。世尊。佛說我得無諍三昧。人中最為第一。是第一離欲阿羅漢。我不作是念。我是離欲阿羅漢。世尊。我若作是念。我得阿羅漢道。世尊則不說須菩提是樂阿蘭那行者。以須菩提實無所行。而名須菩提。是樂阿蘭那行。

莊嚴淨土分第十

佛告須菩提。於意云何。如來昔在然燈佛所。於法有所得不。不也。世尊。如來在然燈佛所。於法實無所得。須菩提。於意云何。菩薩莊嚴佛土不。不也。世尊。何以故。莊嚴佛土者。即非莊嚴。是名莊嚴。是故須菩提。諸菩薩摩訶薩。應如是生清淨心。不應住色生心。不應住聲香味觸法生心。應無所住而生其心。須菩提。譬如有人。身如須彌山王。於意云何。是身為大不。須菩提言。甚大。世尊。何以故。佛說非身。是名大身。

無為福勝分第十一

須菩提。如恆河中所有沙數。如是沙等恆河。於意云何。是諸恆河沙。寧為多不。須菩提言。甚多。世尊。但諸恆河尚多無數。何況其沙。須菩提。我今實言告汝。若有善男子善女人。以七寶滿爾所恆河沙數三千大千世界。以用布施。得福多不。須菩提言。甚多。世尊。佛告須菩提。若善男子善女人。於此經中。乃至受持四句偈等。為他人說。而此福德。勝前福德。

尊重正教分第十二

復次。須菩提。隨說是經。乃至四句偈等。當知此處。一切世間天人阿修羅。皆應供養。如佛塔廟。何況有人。盡能受持讀誦。須菩提。當知是人。成就最上第一希有之法。若是經典所在之處。則為有佛。若尊重弟子。

如法受持分第十三

爾時須菩提白佛言。世尊。當何名此經。我等云何奉持。佛告須菩提。是經名為金剛般若波羅蜜。以是名字。汝當奉持。所以者何。須菩提。佛說般若波羅蜜。即非般若波羅蜜。須菩提。於意云何。如來有所說法不。須菩提白佛言。世尊。如來無所說。須菩提。於意云何。三千大千世界所有微塵。是為多不。須菩提言。甚多。世尊。須菩提。諸微塵。如來說非微塵。是名微塵。如來說世界。非世界。是名世界。須菩提。於意云何。可以三十二相見如來不。不也。世尊。不可以三十二相得見如來。何以故。如來說三十二相。即是非相。是名三十二相。須菩提。若有善男子善女人。以恆河沙等身命布施。若復有人。於此經中。乃至受持四句偈等。為他人說。其福甚多。

離相寂滅分第十四

爾時須菩提。聞說是經。深解義趣。涕淚悲泣。而白佛言。希有世尊。佛說如是甚深經典。我從昔來所得慧眼。未曾得聞如是之經。世尊。若復有人。得聞是經。信心清淨。則生實相。當知是人。成就第一希有功德。世尊。是實相者。則是非相。是故如來說名實相。世尊。我今得聞如是經典。信解受持。不足為難。若當來世。後五百歲。其有眾生。得聞是經。信解受持。是人則為第一希有。何以故。此人無我相。人相。眾生相。壽者相。所以者何。我相即是非相。人相眾生相壽者相。即是非相。何以故。離一切諸相。則名諸佛。佛告須菩提。如是如是。若復有人。得聞是經。不驚不怖不畏。當知是人。甚為希有。何以故。須菩提。如來說第一波羅蜜。即非第一波羅蜜。是名第一波羅蜜。須菩提。忍辱波羅蜜。如來說非忍辱波羅蜜。何以故。須菩提。如我昔為歌利王割截身體。我於爾時。無我相。無人相。無眾生相。無壽者相。何以故。我於往昔節節支解時。若有我相。人相。眾生相。壽者相。應生瞋恨。須菩提。又念過去於五百世。作忍辱仙人。於爾所世。無我相。無人相。無眾生相。無壽者相。是故須菩提。菩薩應離一切相。發阿耨多羅三藐三菩提心。不應住色生心。不應住聲香味觸法生心。應生無所住心。若心有住。則為非住。是故佛說菩薩心。不應住色布施。須菩提。菩薩為利益一切眾生。應如是布施。如來說一切諸相。即是非相。又說一切眾生。即非眾生。須菩提。如來是真語者。實語者。如語者。不誑語者。不異語者。須菩提。如來所得法。此法無實無虛。須菩提。若菩薩心住於法而行布施。如人入闇。則無所見。若菩薩心不住法而行布施。如人有目。日光明照。見種種色。須菩提。當來之世。若有善男子善女人。能於此經受持讀誦。則為如來。以佛智慧。悉知是人。悉見是人。皆得成就無量無邊功德。

持經功德分第十五

須菩提。若有善男子善女人。初日分以恆河沙等身布施。中日分復以恆河沙等身布施。後日分亦以恆河沙等身布施。如是無量百千萬億劫以身布施。

若復有人。聞此經典。信心不逆。其福勝彼。何況書寫受持讀誦。為人解說。須菩提。以要言之。是經有不可思議。不可稱量。無邊功德。如來為發大乘者說。為發最上乘者說。若有人能受持讀誦。廣為人說。如來悉知是人。悉見是人。皆得成就不可量。不可稱。無有邊。不可思議功德。如是人等。則為荷擔如來阿耨多羅三藐三菩提。何以故。須菩提。若樂小法者。著我見人見眾生見壽者見。則於此經。不能聽受讀誦。為人解說。須菩提。在在處處。若有此經。一切世間天人阿修羅。所應供養。當知此處。則為是塔。皆應恭敬。作禮圍繞。以諸華香而散其處。

能淨業障分第十六

復次。須菩提。善男子善女人。受持讀誦此經。若為人輕賤。是人先世罪業。應墮惡道。以今世人輕賤故。先世罪業。則為消滅。當得阿耨多羅三藐三菩提。須菩提。我念過去無量阿僧祇劫。於然燈佛前。得值八百四千萬億那由他諸佛。悉皆供養承事。無空過者。若復有人。於後末世。能受持讀誦此經。

所得功德。於我所供養諸佛功德。百分不及一。千萬億分。乃至算數譬喻所不能及。須菩提。若善男子善女人。於後末世。有受持讀誦此經。所得功德。我若具說者。或有人聞。心則狂亂。狐疑不信。須菩提。當知是經義。不可思議。果報亦不可思議。

究竟無我分第十七

爾時須菩提白佛言。世尊。善男子善女人。發阿耨多羅三藐三菩提心。云何應住。云何降伏其心。佛告須菩提。善男子善女人。發阿耨多羅三藐三菩提心者。當生如是心。我應滅度一切眾生。滅度一切眾生已。而無有一眾生實滅度者。何以故。須菩提。若菩薩有我相人相眾生相壽者相。則非菩薩。所以者何。須菩提。實無有法。發阿耨多羅三藐三菩提心者。須菩提。於意云何。如來於然燈佛所。有法得阿耨多羅三藐三菩提不。不也。世尊。如我解佛所說義。佛於然燈佛所。無有法得阿耨多羅三藐三菩提。佛言。如是如是。須菩提。實無有法。如來得阿耨多羅三藐三菩提。須菩提。若有法。如來得阿耨多羅三藐三菩提者。然燈佛則不與我授記。汝於來世。當得作佛。號釋迦牟尼。以實無有法。得阿耨多羅三藐三菩提。是故然燈佛與我授記。作是言。汝於來世。當得作佛。號釋迦牟尼。何以故。如來者。即諸法如義。若有人言。如來得阿耨多羅三藐三菩提。須菩提。實無有法。佛得阿耨多羅三藐三菩提。須菩提。如來所得阿耨多羅三藐三菩提。於是中無實無虛。是故如來說一切法。皆是佛法。須菩提。所言一切法者。即非一切法。是故名一切法。須菩提。譬如人身長大。須菩提言。世尊。如來說人身長大。則為非大身。是名大身。須菩提。菩薩亦如是。若作是言。我當滅度無量眾生。則不名菩薩。何以故。須菩提。實無有法名為菩薩。是故佛說一切法。無我無人無眾生無壽者。須菩提。若菩薩作是言。我當莊嚴佛土。是不名菩薩。何以故。如來說莊嚴佛土者。即非莊嚴。是名莊嚴。須菩提。若菩薩通達無我法者。如來說名真是菩薩。

一體同觀分第十八

須菩提。於意云何。如來有肉眼不。如是。世尊。如來有肉眼。須菩提。

於意云何。如來有天眼不。如是。世尊。如來有天眼。須菩提。於意云何。如來有慧眼不。如是。世尊。如來有慧眼。須菩提。於意云何。如來有法眼不。如是。世尊。如來有法眼。須菩提。於意云何。如來有佛眼不。如是。世尊。如來有佛眼。須菩提。於意云何。恆河中所有沙。佛說是沙不。如是。世尊。如來說是沙。須菩提。於意云何。如一恆河中所有沙。有如是沙等恆河。是諸恆河所有沙數。佛世界如是。寧為多不。甚多。世尊。佛告須菩提。爾所國土中。所有眾生。若干種心。如來悉知。何以故。如來說諸心。皆為非心。是名為心。所以者何。須菩提。過去心不可得。現在心不可得。未來心不可得。

法界通化分第十九

須菩提。於意云何。若有人滿三千大千世界七寶。以用布施。是人以是因緣。得福多不。如是。世尊。此人以是因緣。得福甚多。須菩提。若福德有實。如來不說得福德多。以福德無故。如來說得福德多。

離色離相分第二十

須菩提。於意云何。佛可以具足色身見不。不也。世尊。如來不應以具足色身見。何以故。如來說具足色身。即非具足色身。是名具足色身。須菩提。於意云何。如來可以具足諸相見不。不也。世尊。如來不應以具足諸相見。何以故。如來說諸相具足。即非具足。是名諸相具足。

非說所說分第二十一

須菩提。汝勿謂如來作是念。我當有所說法。莫作是念。何以故。若人言如來有所說法。即為謗佛。不能解我所說故。須菩提。說法者。無法可說。是名說法。爾時慧命須菩提白佛言。世尊。頗有眾生。於未來世。聞說是法。生信心不。佛言。須菩提。彼非眾生。非不眾生。何以故。須菩提。眾生眾生者。如來說非眾生。是名眾生。

無法可得分第二十二

須菩提白佛言。世尊。佛得阿耨多羅三藐三菩提。為無所得耶。佛言。如是如是。須菩提。我於阿耨多羅三藐三菩提。乃至無有少法可得。是名阿耨多羅三藐三菩提。

淨心行善分第二十三

復次。須菩提。是法平等。無有高下。是名阿耨多羅三藐三菩提。以無我無人無眾生無壽者。修一切善法。則得阿耨多羅三藐三菩提。須菩提。所言善法者。如來說即非善法。是名善法。

福智無比分第二十四

須菩提。若三千大千世界中。所有諸須彌山王。如是等七寶聚。有人持用布施。若人以此般若波羅蜜經。乃至四句偈等。受持讀誦。為他人說。於前福德。百分不及一。百千萬億分。乃至算數譬喻所不能及。

化無所化分第二十五

須菩提。於意云何。汝等勿謂如來作是念。我當度眾生。須菩提。莫作是念。何以故。實無有眾生如來度者。若有眾生如來度者。如來則有我人眾生壽者。須菩提。如來說有我者。則非有我。而凡夫之人以為有我。須菩提。凡夫者。如來說則非凡夫。是名凡夫。

法身非相分第二十六

須菩提。於意云何。可以三十二相觀如來不。須菩提言。如是如是。以三十二相觀如來。佛言。須菩提。若以三十二相觀如來者。轉輪聖王則是如來。須菩提白佛言。世尊。如我解佛所說義。不應以三十二相觀如來。爾時世尊而說偈言：

若以色見我。以音聲求我。
是人行邪道。不能見如來。

無斷無滅分第二十七

須菩提。汝若作是念。如來不以具足相故。得阿耨多羅三藐三菩提。須菩提。莫作是念。如來不以具足相故。得阿耨多羅三藐三菩提。須菩提。若作是念。發阿耨多羅三藐三菩提心者。說諸法斷滅相。莫作是念。何以故。發阿耨多羅三藐三菩提心者。於法不說斷滅相。

不受不貪分第二十八

須菩提。若菩薩以滿恆河沙等世界七寶。持用布施。若復有人。知一切法無我。得成於忍。此菩薩勝前菩薩所得功德。何以故。須菩提。以諸菩薩不受福德故。須菩提白佛言。世尊。云何菩薩不受福德。須菩提。菩薩所作福德。不應貪著。是故說不受福德。

威儀寂靜分第二十九

須菩提。若有人言。如來若來若去。若坐若臥。是人不解我所說義。何以故。如來者。無所從來。亦無所去。故名如來。

一合理相分第三十

須菩提。若善男子善女人。以三千大千世界。碎為微塵。於意云何。是微塵眾。寧為多不。甚多。世尊。何以故。若是微塵眾實有者。佛則不說是微塵眾。所以者何。佛說微塵眾。則非微塵眾。是名微塵眾。世尊。如來所說三千大千世界。則非世界。是名世界。何以故。若世界實有者。則是一合相。如來說一合相。則非一合相。是名一合相。須菩提。一合相者。則是不可說。但凡夫之人。貪著其事。

知見不生分第三十一

須菩提。若人言。佛說我見人見眾生見壽者見。須菩提。於意云何。是人解我所說義不。不也。世尊。是人不解如來所說義。何以故。世尊說我見人見眾生見壽者見。即非我見人見眾生見壽者見。是名我見人見眾生見壽者見。

須菩提。發阿耨多羅三藐三菩提心者。於一切法。應如是知。如是見。如是信解。不生法相。須菩提。所言法相者。如來說即非法相。是名法相。

應化非真分第三十二

須菩提。若有人以滿無量阿僧祇世界七寶。持用布施。若有善男子善女人。發菩提心者。持於此經。乃至四句偈等。受持讀誦。為人演說。其福勝彼。云何為人演說。不取於相。如如不動。何以故。

一切有為法。如夢幻泡影。
如露亦如電。應作如是觀。

佛說是經已。長老須菩提及諸比丘。比丘尼。優婆塞。優婆夷。一切世間。天人阿修羅。聞佛所說。皆大歡喜。信受奉行。

（《大正藏》第八冊七四八頁下至七五二頁下）

國家圖書館出版品預行編目資料

福慧自在：《金剛經》講記與《金剛經》生活 / 聖嚴法師著. -- 三版. -- 臺北市：法鼓文化, 2019.11
面；公分
ISBN 978-957-598-830-2（平裝）

1. 般若部

221.44　　108015423

現代經典 8

福慧自在——《金剛經》講記與《金剛經》生活

Freedom by Cultivating Merit and Wisdom: Commentary and Application of the Diamond Sutra in Life

著者　聖嚴法師
出版　法鼓文化
總審訂　釋果毅
總監　釋果賢
總編輯　陳重光
編輯　李金瑛、李書儀
封面設計　謝佳穎
內頁美編　小工
地址　臺北市北投區公館路一八六號五樓
電話　(02)2893-4646
傳真　(02)2896-0731
網址　http://www.ddc.com.tw
E-mail　market@ddc.com.tw
讀者服務專線　(02)2896-1600
初版一刷　二〇〇四年七月
三版五刷　二〇二四年八月
建議售價　新臺幣二五〇元
郵撥帳號　50013371
戶名　財團法人法鼓山文教基金會—法鼓文化
北美經銷處　紐約東初禪寺
Chan Meditation Center (New York, USA)
Tel: (718) 592-6593　E-mail: chancenter@gmail.com